Luise Holthausen

Die 10 Gebote

Felix und das Geheimnis der steinernen Tafeln

Luise Holthausen

Die 10 Gebote

Felix und das Geheimnis der steinernen Tafeln

Mit Illustrationen
von Susanne Göhlich

HERDER

FREIBURG · BASEL · WIEN

Inhalt

Das Mose-Projekt

Beim ersten Weckerklingeln ist Felix schon aus dem Bett. Ein neuer Tag hat begonnen! Auf dem Weg zum Bad tappt er auf ein Bauteil von seinem Modellschiff. Hey, das ist doch das Teil, das er gestern so gesucht hat! Sofort macht er kehrt und hockt sich auf den Teppich zu seinem Schiff.

»Zeit zum Aufstehen, Felix«, mahnt Mama von der Tür her.

»Bin schon aufgestanden«, murmelt Felix und greift nach dem Modellkleber.

»Dann musst du jetzt auch weitermachen. Waschen, anziehen, frühstücken, Zähne putzen ...«

»Okay, okay.« Felix lässt den Kleber fallen, springt wieder auf und stürmt ins Bad. Da stehen vier Zahnputzbecher, einer für Mama, einer für Papa, einer für seine Schwester Sophie und einer für Felix. Und in jedem Zahnputzbecher steht eine Zahnbürste, eine für Mama, eine für Papa, eine für Sophie und eine ... nein, falsch, da ist keine für Felix.

»Mama, wo ist meine Zahnbürste?«

»Zähne putzen erst nach dem Frühstück«, kommt die Antwort aus der Küche.

»Aber meine Zahnbürste ist weg!« Felix kriecht unter dem Waschbecken herum. Vielleicht ist sie ihm gestern Abend hinuntergefallen?

Mama kommt ins Bad. »Hör auf zu trödeln und komm endlich zum Frühstück!« Mittlerweile klingt sie ziemlich gereizt. Brummelnd folgt ihr Felix in die Küche. Er trödelt nicht, er hat seine Zahnbürste gesucht. Wenn er die nicht findet und nachher ohne Zähneputzen aus dem Haus gehen muss, ist es bestimmt auch wieder nicht recht.

»Hier ist dein Pausenbrot.« Mama stellt seine Brotbox auf den Tisch. Felix klappt sie auf und linst hinein. Mmm, sein Lieblingskäse und dazwischen Gurken. Herzhaft beißt er zu. Lecker!

»Nicht jetzt essen«, schreit Mama auf.

Stimmt, das ist ja für die Schulpause. Felix legt das Brot zurück in die Box. Mama schiebt ihm seine Müslischale direkt unter die Nase und überwacht mit Argusaugen, dass er nichts anderes macht, als Müsli zu essen.

»Schlimmer als ein Sack Flöhe«, murmelt sie, als Felix wieder in Richtung Bad verschwindet. Was sie damit nun wieder meint?

Im Bad findet Felix seine Zahnbürste wundersamerweise unter seinem Waschlappen auf der Spiegelablage. In seinem Zimmer findet er noch ein Modellbauteil, und zwar in seinem Schulranzen. Mama bekommt einen Tobsuchtsanfall, und deshalb lässt Felix ein weiteres Mal seinen Modellkleber fallen, schlüpft hastig in Jacke und Schuhe und rennt aus dem Haus.

Mama rennt ihm hinterher. »Dein Ranzen, Felix!« Und er hat sich schon gewundert, warum der heute so leicht ist.

»Hoffentlich vergisst du unterwegs nicht noch deinen Kopf«, seufzt Mama.

Als Felix auf den Schulhof gehetzt kommt, hat die Glocke längst zum Unterricht geläutet. In letzter Minute huscht er ins Klassenzimmer auf seinen Platz.

»Warum bist du so spät?«, zischt ihm sein Freund Julian zu.

Bevor Felix antworten kann, hat schon die Klassenlehrerin Frau Caspari den Raum betreten.

»Guten Morgen«, begrüßt sie ihre Schüler. »Ich habe eine Neuigkeit für euch.«

»Oh, spannend.« Felix spitzt förmlich die Ohren.

»Klar, du findest immer alles spannend«, murmelt Julian. »Dabei geht's bestimmt nur um 'ne blöde Klassenarbeit.«

Vorne klappt Frau Caspari die Tafel auf und schreibt in Großbuchstaben »PROJEKTWOCHE« daran.

»Wir wollen dieses Jahr für die dritten und vierten Klassen eine Projektwoche an unserer Schule durchführen«, erklärt sie. »Dabei erarbeitet ihr eine Woche lang in Gruppen ein bestimmtes Projekt und führt es am Schluss der gesamten Schule vor. Als Ausstellung, als Vortrag, als Theaterstück oder was immer euch einfällt. Ihr sollt selbstständig arbeiten, aber natürlich wird jede Gruppe von einem Lehrer unterstützt.«

Sie greift in ihre große Tasche, zieht einen Stapel Zettel heraus und beginnt, sie an alle zu verteilen. »Hier sind alle Projekte aufgeführt. Lest euch alles genau durch, besprecht es mit euren Eltern und kreuzt dann an, wofür ihr euch anmelden wollt. Die ausgefüllten Zettel gebt ihr bitte bis spätestens Donnerstag bei mir ab. Und am nächsten Montag könnt ihr am Schwarzen Brett lesen, wer welchem Projekt zugeteilt ist.«

Staunend liest Felix die Fülle an Projekten. Es gibt einige Sportprojekte wie Skaten oder Fußball, es gibt ein Buchprojekt, in dem die ganze Gruppe sich eine Detektivgeschichte überlegen soll, Frau Caspari bietet »Das Mose-Projekt« über die Zehn Gebote an, es gibt ein Gartenprojekt und noch vieles, vieles mehr.

Julian stößt ihn an. »Und? Ist doch klar, was wir nehmen.«

»Hm ...« Felix starrt immer noch auf den Zettel. Für ihn ist nichts klar. So viele tolle Projekte, wie soll er sich denn da für nur eins entscheiden? Von ihm aus könnte es für den Rest des Schuljahres nur noch Projektwochen geben.

Julian deutet auf eine Zeile. »Hier, das Fußballprojekt, da melde ich mich an. Mach du doch auch, dann sind wir zusammen.«

Ja, das wäre schon toll, wenn er mit seinem besten Freund in einer Gruppe wäre. Und Fußball spielt er wirklich gerne. Aber die Sache mit der Detektivgeschichte klingt auch spannend. Und ein Beet bepflanzen, das macht bestimmt auch Spaß. Ach, und überhaupt, am liebsten würde er alles auf einmal machen ...

Einen Montag später quiekt etwas in Felix' Ohr: »Ringelbimmelbammel.« Er fährt hoch und schaut in Sophies lachendes Gesicht.

»Ich bin dein Wecker«, kichert sie.

Ein Blick auf seinen richtigen Wecker zeigt Felix, warum heute seine Schwester klingelt: Er hat gestern Abend wohl eine falsche Taste gedrückt und ihn aus- statt angestellt. Egal, jetzt ist er wach.

Ein neuer Tag hat begonnen! Also aufstehen, über das spannende Buch stolpern, über dem er gestern Abend eingeschlafen ist, sich festlesen, von Mama in die Küche zum Frühstück gescheucht werden. Nach dem Frühstück von Mama ins Bad gescheucht werden, die Zahnbürste suchen – »mal wieder«, seufzt Mama –, den Ranzen aufsetzen und von Mama das Pausenbrot hinterhergetragen bekommen.

Vor dem Schultor wartet Julian auf ihn. »Heute werden die Projekte bekannt gegeben«, brüllt er Felix schon von ferne entgegen.

Oh stimmt, heute erfahren sie, welchem Projekt sie zugeteilt sind! Felix fängt an zu rennen. In der Pausenhalle hängt vor dem Schwarzen Brett schon eine Traube von Schülern.

»Und, wo bist du drin?«

»Yeah, wir sind in einem Projekt!«

»Och nö, da wollte ich doch gar nicht rein«, so schreien alle durcheinander.

Im Pulk der anderen kann Felix erst mal gar nichts erkennen. Julian schiebt sich resolut an allen vorbei nach vorn und bricht in Jubel aus: »Ich bin drin! Ich bin drin! Eine Woche nur Fußball!«

Endlich hat es auch Felix geschafft, sich zum Schwarzen Brett vorzuarbeiten, und kann die Liste mit den Namen für das Fußballprojekt lesen: »Bastian, Emre, Pedro, Sina, Julian ...« Elf Namen. Aber kein Felix.

»Lass mich mal.« Liam drängelt von hinten. Felix rutscht der Ranzen von den Schultern und der halbe Inhalt ergießt sich auf den Boden. Mist, er hat den Ranzen wohl vorhin nicht richtig zugemacht.

Inmitten des Gewimmels von Füßen kauert Felix sich hin und sammelt Schulbücher und Schulhefte ein. Plötzlich stockt er. Da lugt etwas Weißes zwischen dem Chaos hervor ... der Zettel für die Projektanmeldung! Brav ausgefüllt, von den Eltern unterschrieben. Und er hat vergessen, ihn abzugeben!

»Wo bist du denn nun drin?«, hört er Julian sagen.

»Ich seh deinen Namen gar nicht.«

Felix richtet sich auf, den Zettel in der Hand.

»Was ist das?«, fragt Julian.

»Der Anmeldezettel für die Projektwoche.«

»Oh Mann, du hast ihn gar nicht abgegeben, du Idiot!«

»Ich hab's vergessen.« Ratlos schaut Felix auf das Schwarze Brett. Und was macht er nun in der Projektwoche? Muss er dann allein in den Unterricht? Nein, das kann nicht sein, es findet doch gar kein normaler Unterricht statt.

Nach und nach löst sich die Traube vor dem Schwarzen Brett auf. Felix geht zu Frau Caspari, die in der Pausenhalle die Aufsicht führt.

»In welchem Projekt bin ich denn, wenn ich vergessen habe, meinen Zettel abzugeben?«, fragt er sie.

»Dann wurdest du dem Projekt zugeteilt, wo wir dachten, da passt du gut hinein«, antwortet Frau Caspari. Sie geht zum Schwarzen Brett und zeigt auf eine der Listen. »Hier steht es. Du bist bei mir im Mose-Projekt.«

Felix spürt Julians Blick auf sich. Statt Fußball also

Mose und die Zehn Gebote. Ist das schlimm? Ist er jetzt enttäuscht, dass er nicht mit Julian zusammen Fußballregeln lernen und kicken kann? Oder hat Frau Caspari recht? Passt das zu ihm, die Zehn Gebote zu entdecken?

In sich spürt er ein Kribbeln. Es ist ein bisschen, wie wenn er vor einer geschlossenen Tür steht und nicht genau weiß, was sich dahinter verbirgt. Dann möchte er diese Tür öffnen und sehen und staunen und verstehen.

Ja, er ist neugierig! Er will wissen, was es mit den Zehn Geboten auf sich hat. Von ihm aus könnte es mit der Projektwoche sofort losgehen.

Immer ich!

»Ab morgen haben wir Projektwoche, Mama«, ruft Amelie.

Um sie herum tobt das Leben. Aus Lauras Zimmer dröhnt der neuste Song ihres Lieblingsrappers. Timmi brüllt vor Wut, weil er im Laufstall sitzt und nicht an seine Stoffgiraffe kommt. Baby Jan strampelt auf seiner Krabbeldecke und quiekt dabei immer lauter und schriller. Gleich wird er auch brüllen. Weil er Hunger hat oder Bauchweh oder

17

Langeweile oder die Windeln voll oder einfach nur, weil er müde ist. Irgendeinen Grund gibt es immer.

»Mama!«, versucht Amelie, den Lärm zu übertönen.

Mama schaut von ihrer Nähmaschine auf und schiebt sich mit einer erschöpften Bewegung eine Haarsträhne aus dem Gesicht. »Amelie, bitte, sei lieb und schrei du nicht auch noch. Kannst du die Kleinen nicht ein bisschen beschäftigen, bis ich hier fertig bin?«

Sie zeigt auf den bunt bedruckten Stoff neben der Nähmaschine. »Das Puppenkleidchen ist eine Auftragsarbeit, das muss ich unbedingt heute noch rausschicken.«

»Immer ich«, beschwert sich Amelie. Aber bei dem Getöse rundherum hört das sowieso keiner. Mit einer Hand feuert sie Timmis Giraffe wieder in den Laufstall, mit der anderen stopft sie Jan den Schnuller in den Mund.

»Gut so?«, brüllt sie.

Einen Moment lang ist nur die stampfende Musik aus Lauras Zimmer zu hören. Dann spuckt das Baby seinen Schnuller aus und fängt ohrenbetäubend an zu kreischen. Gleichzeitig wirft Timmi die Giraffe aus dem Laufstall und plärrt ebenfalls los.

Mama legt die Hände vors Gesicht. »Nur noch einen Moment«, fleht sie. »Ich bin doch gleich fertig. Und mach bitte die Wohnzimmertür zu!«

Amelie rührt sich nicht.

Seufzend steht Mama auf. »Also gut, ich bringe jetzt die Kleinen ins Bett, dann zeigst du mir deine Hausaufgaben.« Sie hebt Timmi aus dem Laufstall, nimmt Jan auf den Arm und geht mit den beiden hinaus. Als sie die Wohnzimmertür hinter sich zuzieht, wird es gleich viel leiser.

Amelie setzt sich an den großen Tisch neben Mamas Nähmaschine und holt ihren Schreibblock aus dem Ranzen. Sie hat gar keine Hausaufgaben auf, denn morgen beginnt das Mose-Projekt. Aber Mama hat gesagt, sie guckt sich nachher mit ihr zusammen die Hausaufgaben an. Das ist immer der schönste Moment des Tages, wenn Mama nur für sie Zeit hat. Wenn kein Timmi an ihr zerrt und kein Jan nach ihr weint und keine Laura rummeckert und auch Papa noch nicht von seiner Spätschicht nach Hause gekommen ist.

Nur sie und Mama.

Mama legt viel Wert darauf, dass Amelie sorgfältig ihre Hausaufgaben macht und gut in der Schule ist. »Das ist wichtig, damit mal was aus dir wird«, sagt sie immer. Und dann schaut sie sich um in ihrer viel zu kleinen, viel zu ollen, viel zu vollgestopften Wohnung, und Amelie weiß, was sie denkt: Wenn aus ihr was wird, dann verdient sie später mal viel Geld und muss nicht so wohnen wie Papa und Mama.

Sie klappt ihren Block auf. »Das Mose-Projekt«, schreibt sie oben auf die Seite und darunter: »Die Zehn Gebote«.

Einen Moment überlegt sie, dann setzt sie den Stift an und schreibt, ohne abzusetzen:

*Erstes Gebot: Ich bin der Herr, dein Gott,
du sollst keine anderen Götter neben mir haben!*
*Zweites Gebot: Du sollst den Namen Gottes
nicht missbrauchen!*
Drittes Gebot: Du sollst den Feiertag heiligen!
*Viertes Gebot: Du sollst deinen Vater und
deine Mutter ehren!*
Fünftes Gebot: Du sollst nicht töten!
Sechstes Gebot: Du sollst nicht ehebrechen!

Siebtes Gebot: Du sollst nicht stehlen!

Achtes Gebot: Du sollst nicht falsch gegen deinen
Nächsten aussagen!

Neuntes Gebot: Du sollst nicht begehren
deines Nächsten Frau!

Zehntes Gebot: Du sollst nicht begehren
deines Nächsten Hab und Gut!

Alle Zehn Gebote hat sie gewusst! Mama wird richtig stolz auf sie sein.

Da hört sie auch schon Mamas Schritte. »Geschafft!« Mit einem Seufzer lässt sie sich neben Amelie auf einen Stuhl sinken. Sie schaut auf den Block. »Das hast du aber schön geschrieben. Was ist das?«

»Für die Projektwoche«, antwortet Amelie stolz.

Mama streicht sich über das Gesicht. »Ich bin müde. Komm, lass uns auf die Couch sitzen, das ist bequemer.«

Sie kuscheln sich nebeneinander, und Amelie liest Mama alle Zehn Gebote vor.

»Du bist eine tolle Schülerin«, lobt Mama sie mit geschlossenen Augen.

So ist Amelie am nächsten Morgen gut gerüstet für

die Projektwoche. Als Frau Caspari fragt: »Habt ihr euch denn schon mal Gedanken über die Zehn Gebote gemacht?«, da meldet sich Amelie und liest alle Gebote vor. Wie gestern bei Mama.

»Das hast du aber sehr schön und richtig aufgeschrieben«, lobt auch Frau Caspari. »Nun wissen wir, wie die Zehn Gebote im Wortlaut heißen, das ist gut.«

Liam greift nach seinem Rucksack und macht Anstalten aufzustehen. »Cool, dann haben wir's ja schon. Dann können wir den Rest der Woche blau machen.«

»Hast du denn auch alles verstanden?«, fragt Frau Caspari.

Liam zuckt die Achseln. »Amelie hat's uns doch vorgelesen.«

»Dann kannst du uns sicher erklären, was das bedeutet: Du sollst keine anderen Götter neben mir haben.«

Liam zuckt wieder die Achseln.

»Und was heißt: Du sollst den Namen Gottes nicht missbrauchen?«, fragt Frau Caspari weiter.

Liam lässt seinen Rucksack fallen und bleibt doch lieber sitzen.

»Das sind alles Regeln, die Gott aufgestellt hat«, vermutet Felix.

Wieder schießt Amelies Hand in die Höhe. »Mose und die Israeliten waren auf der Flucht vor den Ägyptern. Gott hat ihnen dabei geholfen. Und er hat Mose erlaubt, dass er ihn sehen darf, niemand sonst. So ist Mose allein auf den Berg Sinai gestiegen, wo Gott ihm zwei Steintafeln gegeben hat, auf

die er selbst die Zehn Gebote geschrieben hatte. Und nach diesen Geboten sollten sie nun leben.«

Liam schnaubt. »So steht's vielleicht in der Bibel, aber das ist doch ewig her.«

»Wir dürfen heute auch nicht töten und stehlen«, wirft Jonas ein.

»Genau so ist es«, bestätigt Frau Caspari. »Wir wollen uns nämlich in dieser Projektwoche damit beschäftigen, was die Zehn Gebote mit unserem heutigen Leben zu tun haben. Nicht nur sonntags, nicht nur in der Kirche, sondern auch in unserem ganz normalen Alltag.«

Amelie denkt an zu Hause. An ihren Papa, der heute bestimmt wieder eine Doppelschicht arbeitet, damit das Geld für sie alle reicht. An Mama, die mit Jan und Timmi schon so viel zu tun hat und nebenher noch ihre Näharbeiten übers Internet verkauft. An Laura, die sich im Moment wegen allem und jedem herumzofft.

»Wenn es die Gebote nicht gäbe, könnten wir gar nicht so gut zusammen leben«, sagt sie.

Liam macht eine Handbewegung, als würde er sich die Kehle durchschneiden. »Dann würden sich alle gegenseitig umbringen.«

»Bei uns im Gesetz steht doch sowieso, dass man niemanden töten darf«, wendet Rina ein. »Dafür brauchen wir keine Zehn Gebote.«

»Ohne die stünde es da aber vielleicht gar nicht«, meint Paul.

»Dann gebe ich euch jetzt eine Hausaufgabe auf«, sagt Frau Caspari. »Überlegt euch bis morgen, wo euch überall die Zehn Gebote begegnen. In der Schule, zu Hause, beim Spiel mit Freunden ... Haltet Augen und Ohren offen und sammelt alles, was euch ein- und auffällt.«

Nachdenklich geht Amelie nach Hause. Dort ist alles wie immer. Laura ist in ihrem Zimmer und hat die Musik aufgedreht. Timmi schmeißt seine Giraffe aus dem Laufstall. Jan strampelt auf seiner Krabbeldecke. Mama sitzt an der Nähmaschine.

»Ich muss nur noch schnell was fertig nähen«, sagt sie, schaut kurz auf, lächelt Amelie an und näht weiter.

»Ein Eilauftrag«, stellt Amelie fest.

Mama nickt. »Danach mach ich euch die Suppe warm. Ist noch welche von gestern übrig.« Die Nähmaschine rattert.

Durch die halb offene Küchentür sieht Amelie den

Suppentopf auf dem Herd. Ihr Magen knurrt. Sie kann sich jetzt hinsetzen, darauf warten, dass Mama sich endlich ums Essen kümmert, und dabei schlechte Laune bekommen. Oder aber ...

Entschlossen geht Amelie zum Laufstall, gibt Timmi die Giraffe zurück und kitzelt dann Jan am Bauch. Timmi strahlt. Jan gluckst. Amelie geht in die Küche, stellt die Herdplatte an und rührt die Suppe mit einem Kochlöffel um.

Sie weiß schon, was sie nachher aufschreiben wird. Was sie Mama heute Abend während ihrer ruhigen Stunde vorlesen wird. Mit diesen Worten wird es anfangen: »Weil es die Zehn Gebote gibt, können wir friedlicher zusammenleben. Denn sie helfen uns, aufeinander achtzugeben.«

Sie hat gerade angefangen, es auszuprobieren.

1. GEBOT:
Ich bin der Herr,
dein Gott, du sollst
keine anderen
Götter neben
mir haben!

War Mose cool?

Sie lümmeln vor dem Schultor herum, drei große Jungs, die Hosen tief hängend, die Baseballkappen ins Gesicht gezogen. Mit einem großen Bogen weichen ihnen die Kinder aus, tuscheln aufgeregt miteinander. Wer sind diese Typen, was wollen die hier? Die sind doch schon viel zu groß, um noch in die Grundschule zu gehen.

Nur Liam zieht den Kopf nicht ein, als er sie sieht. Er geht direkt auf sie zu, und dass sein Herz schnell klopft, das merkt er kaum. Denn er kennt die drei. Es sind Kevin, Tom und Mehdi, die Freunde seines großen Bruders Dennis. Obercoole Typen, vor denen man keine Schwäche zeigen darf. Sonst lachen sie nämlich und halten einen für ein Baby.

Ein paar Mal hat Liam seinen Bruder schon gefragt: »Kann ich nicht mal mitkommen, wenn ihr zusammen loszieht?«

»No way«, hat Dennis jedes Mal geantwortet und das heißt: niemals.

Und jetzt lehnen sie da an seinem Schultor und grinsen ihm entgegen. Liam grinst zurück, auch wenn sein Grinsen leider ein klein wenig verrutscht.

»Hey, cooler kleiner Bruder«, begrüßt ihn Tom lässig grinsend.

»Hast du 'nen Moment Zeit?«, fragt Mehdi.

»Wir wollen was mit dir besprechen«, fügt Kevin hinzu.

Liam nickt. Die Schulglocke ertönt, die anderen Kinder rennen brav und strebsam zu ihren Klassenzimmern, aber er hat alle Zeit der Welt. Das Mose-Projekt, zu dem er eingeteilt wurde, kann warten.

»Worum geht's denn?«, bringt er heraus. Oh Mann, er klingt ja wie ein quiekendes Schweinchen! Er räuspert sich. »Worum geht's denn?«, wiederholt er mit tiefer, dunkler Stimme.

Die drei schauen sich an, als wollten sie abchecken, wer die Antwort übernehmen soll. Dann sagt Kevin: »Du kennst doch diesen Felix Kämper, oder?« Wieder nickt Liam. Felix ist in seiner Projektgruppe. Ein Chaot, der dauernd was vergisst oder verliert, aber alles immer wahnsinnig spannend findet, sogar den Schulunterricht.

»Felix hat sich von einem Freund ein Computerspiel ausgeliehen«, fährt Kevin fort.

»Ein voll cooles Computerspiel«, ergänzt Mehdi.

»Wir wollen uns das auch mal ausleihen«, sagt Tom.

Liam versteht nur Bahnhof. »Dann fragt ihn doch einfach mal, ob er es euch leiht. Das macht er bestimmt.« Als er die grinsenden Gesichter sieht, würde er sich am liebsten auf die Zunge beißen. Das war die falsche Antwort. Nun halten sie ihn doch für ein Baby. Oder, mindestens genauso schlimm, für einen Idioten.

»Wir wissen ja, dass du voll in Ordnung bist«, sagt Kevin.

»Voll der coole Typ«, bestätigt Mehdi.

»Sozusagen einer von uns«, meint Tom.

Liam blinzelt. Einer von ihnen? Er hat's doch noch nicht vermasselt?

»Und du könntest uns einen Gefallen tun«, quasselt Kevin weiter, »und uns das Computerspiel besorgen.«

»Aber ohne viele Fragen zu stellen«, sagt Mehdi.

»Für seine Freunde macht man so was«, fügt Tom hinzu.

Liam wird es heiß und kalt zugleich. Diesmal versteht er auf Anhieb, was die drei ihm sagen wollen. Das ist eine Mutprobe. Er soll Felix das Computerspiel aus der Tasche ziehen und Kevin, Tom und Mehdi bringen. Heimlich. Und ohne ihn vorher zu fragen.

»Ich gehör dann zu euch?«, platzt er heraus.

Alle drei nicken.

»Na klar«, sagt Kevin.

»Was denn sonst«, sagt Mehdi.

»Ist doch wohl selbstverständlich«, sagt Tom.

Liam atmet tief durch. Sein Traum wird wahr werden. Kevin, Mehdi, Tom – und er. Da kann Dennis ihn hundertmal wegscheuchen, die drei werden seine Freunde sein.

Er richtet sich hoch auf, sodass er ihnen fast bis zum Kinn reicht. »Okay, ich mach's.«

Kevin schlägt ihm auf die Schulter.

Mehdi grinst: »Wir wussten doch, dass wir uns auf dich verlassen können.«

Tom reckt den Daumen hoch.

»Schaffst du es heute noch?«, fragt Kevin.

Liam nickt. Sein Herz hämmert wie verrückt. Irgendwie wird er seinen Auftrag schaffen. Ganz bestimmt.

Wie durch einen Nebel geht er zu seinem Klassenraum. Er ist viel zu spät, aber durch die Projektwoche herrscht so ein Gewusel, dass keiner mitbekommt, wie er sich zur Tür hineinschleicht und leise auf seinen Stuhl setzt.

Von den anderen sitzt kaum einer. Sie haben die Tische beiseitegeräumt, damit sie viel Platz haben, und nur einen einzigen in die Mitte gestellt. Ein paar Kinder tanzen um ihn herum.

Was soll das denn werden? Liam schaut vorsichtig zu Frau Caspari, aber die scheint das alles völlig in Ordnung zu finden. Sie sitzt am Rand und guckt mit zufriedener Miene dem Durcheinander zu.

»Oh, du mein geliebtes Goldenes Kalb!«, ruft Amelie und macht so was wie einen Hofknicks vor dem Tisch.

Natascha drängelt sich neben sie. »Ich bete dich an!«

Die anderen kichern. Offensichtlich stellen sie sich vor, wie auf dem leeren Tisch ein Goldenes Kalb thront.

Dann mischt sich Felix unter die Tanzenden, ringt die Hände und stößt scheinbar verzweifelt hervor: »Was tut ihr da bloß? Denkt doch an das erste Gebot!«

Liam lässt seinen Blick von Felix zu dessen Schulrucksack wandern, der nur einen Meter neben ihm auf dem Fußboden liegt. Wie immer hat er ihn bloß halb zugemacht, und Liam kann die Hülle des Computerspiels erkennen. Woher auch immer seine neuen Freunde wissen, dass Felix dieses Spiel mit sich herumschleppt, sie haben recht.

Und er muss es jetzt an sich nehmen.

Vorsichtig beugt Liam sich vor und berührt den Rucksack. Ein Modellbauteil fällt heraus.

Felix dreht sich um, so schnell, dass Liam seine Hand nicht mehr zurückziehen kann.

»Das gehört zu meinem Schiff«, sagt Felix erfreut.

»Irgendwie werde ich damit nie fertig. Danke, dass du es gefunden hast.«

»Hm«, macht Liam.

Felix stopft das Bauteil zurück in seinen Rucksack. Jetzt ist er ganz offen. Als Felix sich wieder dem unsichtbaren Goldenen Kalb zuwendet, beugt sich Liam blitzschnell vor, reißt das Spiel an sich und lässt es in seiner Jackentasche verschwinden.

Ein Ellbogen bohrt sich in seine Seite. »Hey, du stehst nur faul in der Gegend rum«, beschwert sich Natascha neben ihm.

Liams Herz klopft wie rasend. Er spürt die Spielhülle in seiner Jackentasche. Alle starren ihn an.

»Jetzt mach doch auch mal was«, fordert ihn Amelie auf.

»Was denn?«, stottert Liam.

»Aber merkt ihr das denn nicht?«, ruft Felix. »Indem er nichts macht, macht er doch gerade was.«

»Versteh ich nicht«, sagt Jonas verwirrt.

»Ganz einfach«, erklärt Felix. »Er macht nicht mit beim Tanz ums Goldene Kalb. Er sagt, für mich gibt es nur Gott, sonst niemanden. Er ist voll cool. Er ist Mose!«

Hm, das klingt nicht schlecht. War Mose cool?

Liam baut sich neben dem Tisch auf, legt das Kinn in die Hand und schaut gelassen in die Ferne. Die anderen jubeln. Und ist da nicht sogar ein Lächeln über Frau Casparis Gesicht gehuscht?

Irgendwie ist Projektwoche schon besser als normaler Unterricht. Und dass sich Felix so auf seine Seite geschlagen hat, das ist auch verdammt toll.

Als sie nach der Schule zusammen den Klassenraum verlassen, fragt Felix: »Hast du Lust, mit mir zusammen das Schiff fertig zu bauen?«

Liam will schon ein »Ja« hervorsprudeln, da sieht er, wer am Schultor wartet. Kevin, Tom und Mehdi. »Nee, lass mal«, meint er und bleibt stehen. »Tschüs dann.«

Felix macht ein verwirrtes Gesicht. Einen Moment zögert er, aber als Liam keine Anstalten macht, weiterzulaufen, geht er allein davon.

Liam wartet mit klopfendem Herzen, bis er weg ist. Dann geht er langsam auf die drei großen Jungs zu. Sie grinsen ihm entgegen. »Und, hast du es?« Liam zieht das Computerspiel aus seiner Jackentasche.

»Hey, cool!«

»Super!«

»Der Hammer!«

Kevin steckt das Spiel ein. »Dann lasst uns mal losziehen«, sagt er.

Die drei Jungs setzen sich in Bewegung. Liam will ihnen folgen.

»Nee, Kleiner, du bleibst hier«, fährt Tom ihn an.

Was soll das? Liam schluckt und schaut von einem zum anderen. Wieso sagt Kevin nicht: »Liam gehört doch jetzt zu uns.« Er hat's versprochen. Alle haben es versprochen!

»Hey, ihr habt aber gesagt ...«, fängt Liam an.

»Na und?«, unterbricht Mehdi ihn. »Wen interessiert das denn?«

Lachend und feixend traben sie los. Liam bleibt allein am Schultor zurück. Und jetzt ist er nicht mehr cool. Von einem Moment zum anderen überkommt ihn das große Zittern.

Sie haben ihn reingelegt. Sie haben ihm nur was vorgemacht, damit er das Spiel für sie klaut.

Warum hat er das nur getan? Warum hat er die drei Typen nur so toll gefunden? Er hat sie ja geradezu angebetet. Ja, genau so ist es, er hat sie auf ein Podest gehoben, ist um sie herumgetanzt und hat sie angebetet, als seien sie Goldene Kälber. Oder Götter. Dabei sind diese Typen doch so was von gemein!

Liam ist noch keine fünf Minuten zu Hause, da klingelt schon das Telefon und Felix ist dran. »Kannst du mir helfen? Ich hab schon wieder was verloren«, sagt er.

»Was denn?«, fragt Liam, obwohl er die Antwort doch eigentlich schon kennt.

»Die Hülle von einem Computerspiel. Paul hat's

mir ausgeliehen, und ich wollte es ihm heute eigentlich zurückgeben, aber dann hab ich es vergessen, und jetzt hab ich gemerkt, dass ich heute sowieso nur die Hülle dabeihatte ...«

»Die Hülle?«, wiederholt Liam wie ein Echo. »Du
hattest nur die Hülle dabei?«

»Ja, das Spiel hatte ich im Computer vergessen,
aber jetzt ist die Hülle verschwunden. Hast du sie
vielleicht vorhin in der Schule irgendwo gesehen?«

»Ich bring dir eine Ersatzhülle«, sagt Liam schnell.
»In fünf Minuten bin ich bei dir.« Er lässt das Telefon fallen und rennt zur Computerecke im Wohnzimmer. Dort liegen genug Ersatzhüllen.

Gleich wird er Felix einiges erklären müssen. Vielleicht hat er Glück, großes Glück, und Felix schmeißt
ihn nicht gleich wieder raus. Er würde ihm dann
auch helfen, endlich sein Schiff fertig zu bauen.

2. GEBOT:
Du sollst
den Namen
des Herrn nicht
missbrauchen!

Von Ausreden und Schimpfwörtern

Mit Schwung stößt Rina die Wohnungstür auf. »Hallo«, ruft sie.

Keine Antwort. Wahrscheinlich hat Mama nach der Arbeit die Bahn verpasst und kommt eine halbe Stunde später nach Hause. Super! Dann kann Rina gleich ohne große Zimmer-Aufräum-Diskussionen mit ihren Inlineskates los. Schnell zieht sie ihre Schutzkleidung an und setzt den Helm auf.

Sie ist schon fast an der Tür, da fällt ihr ein, dass sie Mama einen Zettel hinlegen muss.

»Wir müssen doch wissen, wo du bist«, betont Mama immer.

»Bin mit Marlene draußen«, krakelt sie auf einen Zettel und klemmt ihn gut sichtbar an den Küchenschrank. Jetzt aber nichts wie los!

Das Telefon klingelt. Rina stöhnt auf, aber dann geht sie doch lieber ran. Es könnte ja Marlene sein.

»Hallo?«

»Hast du schon eine Idee zum zweiten Gebot?«, fragt Amelie am anderen Ende der Leitung.

Die schon wieder! Kann diese Streberin nicht mal während der Projektwoche Ruhe geben mit irgendwelchen blöden Hausaufgaben?

»Du sollst den Namen des Herrn nicht missbrauchen«, zitiert Amelie. »Das bedeutet bestimmt, man soll nicht fluchen. Also keine Schimpfwörter im Zusammenhang mit Gott benutzen.«

Rina zuckt die Achseln. Ihr ist das alles ziemlich egal. Sie hat sowieso keine Ahnung, was sie zu dieser Projektwoche beitragen soll. Ihre Eltern sind nicht so gläubig, deshalb gehen sie höchstens mal an Weihnachten in die Kirche. Und dass sie in dieses Mose-Projekt geraten ist, ist sowieso der reine Zufall. Sie hat nämlich ihr Kreuzchen an der falschen Stelle gemacht. Wie peinlich! Und wie dämlich ...

Amelie quasselt inzwischen munter weiter. »Ich hab mir überlegt, wir könnten eine Liste mit Schimpfwörtern aufstellen. Für die Vorführung.«

»Die Vorführung ist erst am Samstag. Das ist noch ewig hin«, sagt Rina gereizt.

»Aber überlegen müssen wir es uns doch vorher.«

»Ich hab aber jetzt keine Zeit. Ich muss weg.« Das ist nicht gelogen. Marlene wartet schließlich. »Wir überlegen uns das morgen in der Schule. Tschüs!« Bevor Amelie widersprechen kann, hat Rina schon aufgelegt.

Wie eine Verrückte saust sie zur Halfpipe, wo sie sich mit Marlene verabredet hat. »Bin schon da«, keucht sie.

»Schon!« Marlene zeigt ihr einen Vogel. »Ich warte hier seit einer halben Ewigkeit.«

»Ja, aber Amelie hat noch angerufen wegen der Projektgruppe.«

Marlene springt sofort auf das Thema an. »Echt? In welcher Gruppe bist du eigentlich? Wir haben heute ...«

»Lass uns endlich fahren«, unterbricht Rina sie.

Von Projektgruppen hat sie für heute eigentlich genug.

Zum Warmmachen üben sie erst ein paar Sprünge über die kleineren Hindernisse, die neben der Pipe gebaut sind. Dann wagen sie sich auch auf die abschüssige Halfpipe. Das ist so was von toll! Höher und immer höher wagen sie sich, schneller und immer schneller werden sie dabei, und Rina fühlt sich, als würde sie fliegen. So stark und lebendig.

Und auch die Zeit fliegt. Zunächst wuseln noch viele andere um sie herum, aber irgendwann sind nur noch ein paar Jugendliche da, die waghalsige Kunststücke vollführen. Das alles will Rina auch mal können!

»Los, noch ein Sprung!«, ruft Marlene.

Rina schaut zum Himmel, wo die Sonne schon sehr tief steht. Ihr wird ein bisschen mulmig. Ob Mama es gut findet, wenn sie so lange wegbleibt?

»Okay, noch ein letzter.«

Sie nimmt Anlauf und fliegt. Noch einmal. Und noch einmal. Es ist so toll!

Die Sonne sinkt herab. Der Himmel wird dunkelrot.

»Und noch einer!«, feuert Marlene sie an.

Jetzt zieht schon ein helles Grau über den Himmel.
»Noch ein letzter«, flüstert Rina. Sie kann sich
nicht trennen.
Das Grau wird dunkler, sie fahren immer noch.
Die Straßenlaternen gehen an. Die Jugendlichen
verschwinden nach Hause, sie sind die Letzten.
»Ich muss nach Hause«, stößt Marlene hervor.
»Ich auch!« Das Herz klopft Rina wie verrückt. So
spät war sie noch nie dran.

Sie ist schweißnass, als sie endlich in ihre Straße einbiegt. Durch die Fenster vom Wohnzimmer schimmert Licht. Die Eltern sitzen bereits beim Abendessen. Rina zieht sich die Inlineskates von den Füßen und tappt leise zur Tür hinein.

Mama steht fast augenblicklich vor ihr im Flur.

»Wo warst du denn bloß die ganze Zeit?«

»Ich hab doch einen Zettel geschrieben.«

»Aber es ist schon spät und dunkel! Ich habe beim Spielplatz geguckt, aber da wart ihr nicht. Ich habe bei Marlene angerufen, aber deren Eltern wussten auch nichts.« Mama klingt richtig verärgert.

»Wir waren mit den Inlinern unterwegs«, erklärt Rina und schlüpft schnell auf ihren Platz am Esstisch.

»Wird aber auch Zeit«, brummt Papa.

Mama ist immer noch sauer. Sie setzt sich wieder an den Tisch, rührt aber keinen Bissen an. »Du weißt genau, dass du um sechs zu Hause sein sollst. Es geht nicht, dass du einfach verschwindest, nur einen Zettel zurücklässt und dann nicht mal pünktlich nach Hause kommst.«

»Dir hätte ja auch was passiert sein können«, stimmt Papa in die Vorwürfe ein. »Stell es dir doch mal andersherum vor. Du sitzt da und wartest, es wird dunkel, aber keiner kommt. Wie würdest du dich da wohl fühlen?«

In Rina nagt das schlechte Gewissen. »Marlene wollte überhaupt nicht aufhören mit dem Skaten«, versucht sie sich zu verteidigen.

»Und du?«, fragt Papa.

»Ich kann nichts dafür. Sie hat mich doch immer festgehalten.« So ganz stimmt das zwar nicht. Marlene hat sie nicht richtig festgehalten, aber so irgendwie stimmt es auch wieder doch. Marlene hat sie mit ihren Worten gehalten, mit ihrer ganzen Art, mit ihrem dauernden »und noch ein Sprung, und noch mal«. Wie hätte sie denn da nach Hause fahren können?

»Du machst es dir ganz schön einfach«, schimpft Mama. »Du schiebst alles auf Marlene und du selbst bist fein raus.«

Rina beißt sich auf die Lippen. Der Hunger ist ihr vergangen. »Aber es war doch Marlene«, denkt sie trotzig. Und dann spürt sie wieder dieses tolle Gefühl vom Fliegen, diesen Kitzel, und dann weiß sie: Es war eben doch nicht nur Marlene.

Am nächsten Morgen ist Rina müde. Wegen des

Streits gestern hat sie noch lange wach gelegen. Und jetzt ist sie unausgeschlafen und über das Mose-Projekt und das zweite Gebot hat sie auch nicht nachgedacht. Aber das kann sie jetzt nicht schon wieder Marlene in die Schuhe schieben.

Auf dem Schulweg geht Amelie neben ihr und plappert ohne Ende. »Ich hab mir gestern lauter Schimpfwörter ausgedacht, so richtig hässliche, und die hab ich dann alle meiner Schwester an den Kopf geworfen, als sie wieder rumgenervt hat. Mama ist fast in Ohnmacht gefallen.« Sie kichert. »Aber ich hab einfach gesagt, dass die Schimpfwörter nur für die Hausaufgaben sind, in denen wir etwas über Gott und das zweite Gebot lernen. Da konnte sie nicht schimpfen.«

Dieses Gerede! Auf einmal kann Rina nicht mehr an sich halten. »Sich auf Gott berufen, nur weil es für einen selber gerade gut passt, also echt! Das ist doch auch ein ›den Namen Gottes missbrauchen‹«, platzt sie heraus.

Amelie guckt ziemlich bedröppelt.

Und Rina hat endlich ihre Hausaufgabe gemacht. Im Namen Gottes etwas Falsches tun, das ist Missbrauch. Und dass sie darauf gekommen ist, ja, daran ist nun tatsächlich Marlene schuld. Denn ohne den ganzen Wirbel gestern Abend hätte sie das nie verstanden. Da hatte sie nämlich Marlenes Namen missbraucht, um selbst unschuldig tun zu können.

3. GEBOT:
Du sollst
den Feiertag
heiligen!

Wie langweilig

»Natascha, was spielst du denn da? Das ist kein Walzer, sondern ein Viervierteltakt!« Die Klavierlehrerin klopft auf das Holz des Flügels. »Also komm, noch mal von vorn. Eins, zwei, drei, vier ...« Nataschas Finger verknoten sich. Sie kann das nicht! Natürlich hat sie letzte Woche wieder viel zu wenig geübt. Aber wann denn auch?

Letzte Woche war die Hölle los. Im Ballett haben sie eine Sonderstunde eingelegt, weil bald die Aufführung ist. Dann der Schwimmkurs. Die Hausaufgaben. Das Üben fürs Diktat. Natascha haut da

immer einen Haufen Fehler rein. Meistens verdreht sie die Buchstaben. Legasthenie nennt man
das, und es bedeutet, dass sie eigentlich nichts
dafür kann. Aber es passiert ihr halt trotzdem,
und deswegen muss sie regelmäßig zur Therapie-
stunde. Als hätte sie nicht schon genug zu tun,
auch ohne diese blöde Buchstabenverdreherei.
»Natascha!«, mahnt die Lehrerin. »Kein Walzer,
sondern ...«

Natascha haut auf die Tasten. Blödes Klavier!

Die Lehrerin seufzt. »Lassen wir es gut sein für heute. Sind eh nur noch fünf Minuten.«

Erleichtert springt Natascha auf und stopft das Notenheft in ihren Rucksack. »Tschüs dann, bis nächste Woche.«

»Üben diesmal nicht vergessen!«

»Ja, ja.« Natascha ist schon an der Tür.

Endlich ist dieser Tag vorbei. Endlich hat sie alles geschafft. Aber sie hat nichts gemacht, was wirklich Spaß macht, sondern nur so doofe Pflichten erledigt.

Aber morgen! Morgen ist Feiertag, da hat sie frei.

»Himmelfahrt«, hat Frau Caspari gesagt.

»Vatertag«, sagt Papa am nächsten Morgen beim Frühstück. »Ich bin mit den Männern vom Fußballclub unterwegs.« Er zeigt auf das Bierfass, das schon im Flur bereitsteht. Und vor der Tür parkt der Bollerwagen.

»Ihr zieht doch nur durch die Gegend, trinkt und macht Lärm.« Mama zieht die Mundwinkel herab. »Und ich kann die ganze Gartenarbeit bei Oma mal wieder alleine machen. Aber du hilfst mir, Natascha, stimmt's?«

»Es ist Feiertag!«, ruft Natascha. »Ich hab frei!«

»Frei!« Mama steht auf und fängt an, den Tisch abzuräumen.

Papa bleibt sitzen.

»Ich hab auch nie frei. Außerdem musst du noch Klavier üben. Deine Lehrerin hat sich wieder beschwert, dass du immer so schlecht vorbereitet bist.«

»Ich will überhaupt nicht Klavier spielen. Ich will gar nichts machen!« Natascha schmeißt ihre Serviette auf den Boden und trampelt aus dem Zimmer. Der Tag ist ihr jetzt schon verdorben.

Als sie an Papas Arbeitszimmer vorbeikommt, sieht sie den Computer auf seinem Schreibtisch. Ihre Freundin Amelie hat ihr so ein tolles Spiel geliehen, aber dazu ist sie gestern natürlich auch nicht gekommen.

Kurz entschlossen setzt sie sich an den Computer und fährt ihn hoch. Keine zwei Minuten später kommt Papa herein. Zum Glück schimpft er nicht, weil Natascha einfach, ohne zu fragen, an seinen Computer gegangen ist.

»Aber nur eine halbe Stunde«, mahnt er mit einem gutmütigen Lächeln.

Länger darf Natascha nie am Computer spielen. Sie stellt den Küchenwecker auf eine halbe Stunde. In dem Spiel muss sie kleine grüne Monster jagen, das ist ganz schön kniffelig. Und der Wecker tickt. Natascha klemmt die Zunge zwischen die Zähne. Jetzt hat sie schon beinahe das erste Level geschafft. Mist, die halbe Stunde ist ja gleich rum! Und das so kurz vor dem Ziel, das geht einfach nicht. Schnell stellt Natascha den Wecker zurück. Jetzt hat sie noch eine viertel Stunde Gnadenfrist.

Ein kleines grünes Monster springt aus dem Hinterhalt. Natascha zappelt auf ihrem Stuhl. Der Wecker tickt. Mist, sie hat noch nicht das erste Level. Da muss sie sich doch gleich noch mal ein paar Minuten Gnadenfrist verschaffen.

Mama kommt mit dem Wäschekorb durch den Flur. »Aber nur eine halbe Stunde«, ruft sie.

Natascha zeigt auf den tickenden Wecker. Zehn Minuten zeigt er noch an. Damit ist Mama zufrieden. Mit dem Cursor versucht Natascha, das grüne Monster zu kriegen. Der Wecker klingelt. Natascha springt auf. Der Stuhl kippt um.

»Verdammter Mist!«, brüllt Natascha. Vor Wut kommen ihr die Tränen. Sie war so nah dran!

Mama rauscht herein und stellt den Computer aus. »Diese Spiele machen dich noch völlig verrückt«, meckert sie.

Mama hat doch keine Ahnung. Es wäre alles in Ordnung, wenn sie nur endlich mal Zeit hätte. So richtig Zeit! Aber man lässt sie ja nie.

Vorm Haus ertönt lautes Stimmengewirr und Gelächter, dann klingelt es an der Tür. Die Männer vom Fußballverein holen Papa ab.

»Na, wenigstens haben wir jetzt Ruhe«, sagt Mama aufatmend, als die Tür hinter Papa zugeklappt ist, und stellt den Staubsauger an, um die Krümel unterm Frühstückstisch wegzusaugen.

Fernsehen geht nicht bei dem Lärm. Natascha geht wieder in Papas Arbeitszimmer. Hier steht ein zweiter Fernseher, damit es keinen Streit gibt, wenn Papa und Mama sich mal wieder nicht einigen können, ob sie Fußball oder Liebesfilm oder doch lieber den Krimi gucken wollen. Und heute am Feiertag laufen bestimmt tolle Zeichentrickfilme.

Der Staubsaugerlärm kommt näher. Da versteht man ja sein eigenes Wort nicht mehr! Wütend stampft Natascha in ihr Zimmer. »Aber nicht hier saugen!«, brüllt sie über den Lärm hinweg.

»In deinem Zimmer kann ich auch gar nicht saugen«, brüllt Mama zurück. »Das musst du erst mal aufräumen!«

Aber das macht Natascha nicht. Heute nicht. Heute ist Feiertag! Sie setzt ihren Kopfhörer auf und dreht die Musik laut.

Nach einer Weile öffnet Mama die Tür und macht ihr mit wilden Handbewegungen irgendwelche Zeichen.

Unwillig zieht Natascha den Kopfhörer von den Ohren. »Was ist?«

»Ich geh jetzt rüber zu Oma, die Beete müssen umgegraben werden. Kommst du mit?«

Natascha schüttelt den Kopf.

»Ach, komm doch. Oma wird sich freuen.«

»Später vielleicht.«

Mama hebt den Finger. »Zum Mittagessen kommst du rüber! Oma macht extra eine Suppe für uns.

Und ich möchte nicht, dass du so lange allein hierbleibst.«

»Ja, ja«, murrt Natascha. Was soll ihr hier schon passieren. Sie ist neun Jahre alt, und Oma wohnt gleich nebenan.

Nach ein paar Ermahnungen geht Mama endlich, und endlich, endlich hat Natascha auch ihre Ruhe! Nun hat sie Zeit, das zu machen, was sie schon immer machen wollte.

Zuallererst dreht sie die Musik auf, so laut, dass es durch die ganze Wohnung dröhnt. Toll! Das darf sie sonst nie.

Hm, und was soll sie dann machen?

An den Computer traut sie sich nicht, wer weiß, ob Mama nicht mal eben schnell zurückkommt, weil sie was vergessen hat oder weil sie Natascha kontrollieren will.

Aber an den Fernseher darf sie. Den kann sie auch voll aufdrehen. Der Fernseherlärm mischt sich mit dem Musiklärm und keiner meckert an ihr rum!

Das Fernsehprogramm ist aber doch nicht so toll. Klick, klick, klick schaltet sie sich durch die verschiedenen Kanäle.

Irgendwie ist das alles öde. Langweilig.

Natascha schaut ziellos im Zimmer herum. Und dann fällt es ihr auf. Ihr ist langweilig, weil sie alleine ist.

Aber das lässt sich leicht ändern. Natascha springt auf, holt das Telefon und ruft bei Amelie an.

Besetzt. Mist.

Natascha schaltet weiter auf der Fernbedienung herum. Auf den meisten Fernsehsendern kommt gerade Werbung. Sie stellt den Fernseher aus und wählt noch einmal Amelies Telefonnummer.

Besetzt.

Wie war das noch mal mit dem dritten Gebot, über das sie in der Projektgruppe gesprochen haben? »Du sollst den Feiertag heiligen.« Ja, sie muss diesen Feiertag wirklich durch Nichtstun heiligen.

Bei Amelie ist immer noch besetzt.

Was ist das überhaupt für eine blöde Musik, die aus ihrem Zimmer dröhnt? Natascha rennt über den Flur und dreht sie ab. Danach ruft sie noch einmal bei Amelie an. Verdammt, so lange kann man doch gar nicht telefonieren!

Natascha schmeißt sich auf die Couch, die Tränen steigen in ihr hoch. Schnell macht sie die Augen zu.

Es ist so still um sie herum. So ungewohnt still.

Nach einer Weile merkt Natascha, dass das gar nicht stimmt. Es ist überhaupt nicht still.

Durchs gekippte Fenster hört sie das Singen der Vögel. Dann das Summen der Bienen. Das Flüstern des Windes. Sie steht auf und schaut nach draußen. Ein bunter Schmetterling fliegt vorbei. Ein Sonnenstrahl stiehlt sich zwischen den Wolken hervor. Die Zweige bewegen sich ganz sacht. Eine Katze schleicht über den Rasen. Irgendwo bellt ein Hund. Ein Kind lacht.

Lange steht Natascha so am Fenster und schaut und lauscht.

Ist das toll, wenn einem langweilig ist! Da bekommt man auf einmal was mit von der Welt. Da kommt man zur Ruhe. Vielleicht sollte sie doch öfter mal den Feiertag heiligen und nichts tun. Und wenn sie lange genug nichts getan hat, ist sie auch wieder fit und freut sich auf den Trubel im Alltag.

Aber noch ist es nicht so weit. Noch ist Feiertag. Schnell huscht Natascha zum Telefon und stellt es aus. Nicht dass noch Amelie oder sonst irgendwer anruft und sie stört. Dann stellt sie sich wieder ans Fenster und schaut der Ruhe zu.

4. GEBOT:
Du sollst
Vater und
Mutter
ehren!

Betreten verboten

Felix weiß gar nicht, wie das immer passiert, aber fast jeden Tag schafft er es, nach der Schule einen anderen Heimweg zu gehen. Er nimmt sich das gar nicht vor, es passiert einfach. Dadurch sieht er jeden Tag etwas Neues. Leider ist sein Heimweg dadurch auch oft ein Umweg. Aber das macht nichts. Mama weiß inzwischen, dass er manchmal etwas später nach Hause kommt.

So hat er auch das alte Haus entdeckt. Es steht frei, ohne Nachbarhäuser rechts und links, und hat einen riesigen Garten. Die Scheiben sind teilweise eingeschlagen, ein paar der Fenster zugenagelt, und die Haustür knarrt im Wind. Um das Gebäude ist ein großer Zaun gezogen und daran hängt ein Schild »Baustelle betreten verboten. Eltern haften für ihre Kinder«.

Felix linst durch den Zaun. Da baut gar niemand. Spannend! Heute Nachmittag muss er unbedingt noch mal mit dem Fahrrad hier vorbeikommen und schauen, ob sich auf dieser Baustelle was tut oder nicht.

Schnell macht er sich auf den Heimweg. Hinter ihm trappelt es. Als er sich neugierig umdreht, sieht er seinen Freund Julian näher kommen.

»Hey, hast du nachher Zeit?«, ruft Felix ihm zu.

»Bin verabredet«, ruft Julian zurück und saust an ihm vorbei.

Irgendwie ist das blöd. Seit Julian in die Projektgruppe Fußball geht, hat er überhaupt keine Zeit mehr für ihn, sondern hängt dauernd mit den anderen zusammen auf dem Sportplatz herum. Dabei wäre es so toll, wenn sie zusammen diese Baustelle erforschen könnten. Zu zweit macht das doch viel mehr Spaß.

Wieder trappelt es, dann taucht Liam neben ihm auf. »Hi«, sagt er.

»Kennst du das Haus mit dem Bauzaun?«, fragt Felix.

Liam nickt ganz selbstverständlich. »Ja, das ist cool. Wollen wir da mal reingehen?«

Bevor Felix antworten kann, hüpft vor ihnen seine Schwester Sophie um die Ecke. »Beeil dich mal«, meckert sie. »Mama hat Tortellini zu Mittag gemacht.«

»Wir sprechen später«, raunt Felix Liam zu. Irgendwie sagt ihm sein Bauchgefühl, dass Mama die Sache mit der Baustelle überhaupt nicht so toll finden würde. »Tschüs«, sagt er laut und folgt Sophie nach Hause.

Am Abend nimmt Papa Felix beiseite. »Morgen ist Himmelfahrt. Wollen wir zusammen eine Radtour machen?«

»Oh ja«, meint Felix begeistert.

»Wenn du willst, kannst du auch noch einen Freund mitnehmen.« Papa zwinkert Felix zu. Er versteht wohl, dass Felix dann mehr Spaß hat als allein mit den Eltern und der kleinen Sophie. »Frag doch Julian, ob er Zeit hat.«

Felix denkt an heute Mittag, als Julian an ihm vorbeigerannt ist.

»Vielleicht frag ich auch Liam«, sagt er.

Papa macht ein komisches Gesicht. »Jaaa«, sagt er gedehnt, »davon hat Sophie uns schon erzählt.«

»Wovon?«

»Dass du und Liam ...« Papa stockt. Es ist selten, dass er nicht die richtigen Worte findet. Draußen auf dem Flur kommt Mama vorbei. Sie wechselt einen Blick mit Papa, einen dieser bedeutsamen Elternblicke. Dann geht sie weiter.

Papa setzt noch einmal neu an. »Natürlich darfst du dir deine Freunde selbst aussuchen. Aber mit Liam ist das so eine Sache.«

»Warum?« Felix spürt, wie ihm ganz kribbelig wird. Eigentlich ist Liam ja gar nicht sein Freund. Nicht so richtig. Und trotzdem ...

»Liam ist laut, stört den Unterricht, stellt dauernd Unsinn an und ärgert seine Mitschüler«, zählt Papa auf. »Das hast du uns selbst erzählt.«

Ja, das stimmt. Liam flippt schnell aus, wenn was nicht nach seiner Nase geht. Aber manchmal ist er auch richtig nett. Vor allem hat er immer spannende Einfälle. Und wenn man ihm sagt, er soll aufhören, Blödsinn zu machen, dann macht er das normalerweise auch. Neulich hat er sich sogar bei ihm für seinen Blödsinn entschuldigt! Und mit seinem Modellschiff wäre er ohne seine Hilfe bis heute noch nicht fertig.

»Wir wollen weder dir noch Liam etwas Böses, da kannst du uns vertrauen«, fährt Papa fort. »Wir machen uns nur Sorgen, dass Liam dich mit seinem Unsinn ansteckt.«

»Ich mach nichts Blödes«, versichert Felix.

»Versprochen?«, fragt Papa.

»Versprochen!«

»Okay.« Papa legt ihm die Hand auf die Schulter. »Wir vertrauen dir, Mama und ich.«

Am nächsten Tag macht Felix seinen Fahrradausflug nur mit Papa, Mama und Sophie. Der Ausflug macht trotzdem Spaß. Als sie am Nachmittag wieder zu Hause ankommen, sagt Felix: »Ich bleib noch ein bisschen draußen.«

Und dann trifft er sich mit Liam, so ganz zufällig.

»Wir wollten uns doch das Haus anschauen«, erinnert er ihn.

Liam macht nicht viele Worte, sondern nickt bloß. Er hat es auch nicht vergessen. Gemeinsam radeln sie zur Baustelle. Felix allein würde sich hoffnungslos verirren, aber Liam weiß noch genau den Weg. Gemeinsam linsen sie durch die Lücke im Bauzaun, an der Felix gestern schon gestanden hat.

»Hier ist immer noch nichts los«, stellt er fest.

»Heute ist ja auch Feiertag«, erwidert Liam. Er schaut sich nach allen Seiten um. »Komm, die Luft ist rein.« Er schlüpft durch die Lücke hindurch.

Einen Moment hat Felix ein mulmiges Gefühl in der Magengrube. Dann schaut er rasch nach rechts und links und schlüpft ebenfalls durch den Zaun.

Es ist, als würden sie einen fremden Planeten betreten. Durch den Zaun sind sie abgeschieden vom Rest der Welt, und das Haus ragt einsam und finster vor ihnen auf.

»Vielleicht leben hier böse Räuber«, beginnt Liam zu fantasieren. Er hat immer so tolle Ideen.

Irgendwo knarrt etwas. Dann schlägt ein Fenster zu. Felix zuckt zusammen.

»Das war nur der Wind«, versucht er sich selbst zu beruhigen.

Liam verschwindet hinter einer Mauer.

Mit klopfendem Herzen folgt ihm Felix und gelangt zu einer Kellertreppe mit verwitterten, ausgetretenen Stufen, die von einem niedrigen Tor versperrt werden. Liam ist bereits, ohne zu zögern, drübergeklettert.

»Siehst du da unten was?«, ruft Felix ihm zu.

»Na klar, ein Monster.« Liam brüllt monstermäßig, dann kichert er. Felix kichert leicht hysterisch mit.

»Hey!«, ruft Liam in diesem Moment begeistert.

»Was ist los?«

»Der Riegel an der Kellertür ist ganz locker. Wenn ich den abtrete, können wir sogar ins Haus rein.« Liam hebt schon den Fuß.

Dann können sie das Haus richtig erforschen! Genau das, was Felix eigentlich wollte. Aber er zögert.

Im Geiste hört er Frau Caspari sagen: »Das vierte Gebot. Du sollst Vater und Mutter ehren.« Und dann Papa: »Wir wollen weder Liam noch dir etwas Böses, da kannst du uns vertrauen.«

So ist das also gemeint.

»Nein, lass das bleiben«, sagt er zu Liam. »Wir machen nichts kaputt. Wir gehen da nicht rein.«

Liam lässt den Fuß sinken. »Wieso nicht? Sei kein Feigling. Das ist total abgefahren! Wir tun so, als wären da drin Vampire ...«

»Nein«, wiederholt Felix energisch. »Ich breche nichts auf, nur um was spielen zu können. Und ich bin deswegen auch kein Feigling.«

Liam schaut verwundert, aber er sagt nichts mehr, sondern stapft die Treppe wieder nach oben.

»Ich hab sowieso eine viel bessere Idee«, meint Felix. »Wir lassen mein Modellschiff zu Wasser. Ich hab's noch nie schwimmen lassen.«

»Wir könnten es von Piraten überfallen lassen«, überlegt Liam.

»Gute Idee!« Felix schlüpft durch den Bauzaun zurück auf den Bürgersteig.

»Ja, ihr könnt mir auch vertrauen«, murmelt er vor sich hin.

»Was hast du gesagt?«, fragt Liam hinter ihm.

»Ach, nichts«, meint Felix fröhlich.

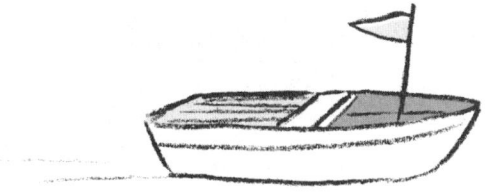

5. GEBOT:
Du sollst
nicht töten!

Der große Streit

Frau Caspari klappt die Tafel auf und schreibt in die Mitte einen Satz: »Du sollst nicht töten!«

»Fällt euch dazu etwas ein?«, fragt sie.

»Das ist das fünfte Gebot«, antwortet Jonas sofort. Frau Caspari malt einen Pfeil an die Tafel und schreibt »Fünftes Gebot« daneben. »Was noch?«

»Man soll niemanden abmurksen«, sagt Liam.

Frau Caspari malt einen weiteren Pfeil und schreibt »Niemanden abmurksen«.

Liam kichert verlegen.

Amelie hat einen Stift in der Hand und kritzelt mechanisch auf ihrem Block herum, ohne richtig zur Tafel zu schauen. Sie bekommt kaum mit, wie Natascha zögernd sagt: »Man soll auch nicht einfach so zum Spaß Tiere quälen oder töten«, und wie sich nach und nach immer mehr Kinder melden.

Denn im Kopf ist Amelie immer noch zu Hause beim Vortag, als sie sich mal wieder mit Laura gestritten hat. Und Laura hat angefangen, auch wenn Mama gesagt hat, das sei ihr egal, sie sollten nur endlich aufhören mit dem Gekreische und Gerangel.

Jetzt sieht sie alles genau vor sich. Wie ein Film läuft es noch einmal vor ihr ab.

Dieser Film fängt damit an, dass Amelie durch den Regen nach Hause rennt. Als sie die Wohnungstür aufschließt, hebt Mama den Blick von ihrer Nähmaschine und sagt: »Gut, dass du da bist.«

Dieser Satz bedeutet meistens nichts Gutes.

»Was ist denn?«, fragt Amelie vorsichtig.

»Ich brauche noch Mehl fürs Mittagessen. Läufst du schnell zum Supermarkt und kaufst eine Tüte?«

»Och, menno!«

»Dafür gibt es auch Pfannkuchen.« Mama lächelt.

»Aber es regnet so doll.«

»Bist du aus Zucker?«, blökt Laura, die sich genau in diesem Moment zur Tür hineinschiebt. Hätte sie nicht zwei Minuten früher kommen können? Dann müsste sie nämlich jetzt gleich noch mal in den Regen raus. Aber so bleibt es natürlich mal wieder an Amelie hängen.

So schnell sie kann, rennt sie die Straße entlang zum Supermarkt. Immer wieder reißt ihr der Wind die Kapuze vom Kopf. Amelie zieht sie sich tief in die Augen und hält sie fest.

»Pass doch auf, wo du hinläufst«, raunzt eine ältere Frau sie an.

»Tschuldigung«, murmelt Amelie im Vorbeihuschen. Dabei könnte sie schwören, dass sie die Frau eben kein bisschen berührt hat.

An der Kasse stehen lange Schlangen. Keiner lässt sie vor, obwohl sie nur eine einzige Mehltüte zu bezahlen hat. Ungeduldig tritt sie von einem Fuß auf den anderen. Hätte sie bloß einen Einkaufswagen genommen! So eine Mehltüte kann ganz schön schwer sein, wenn man sie dauernd in der Hand hält ... Batsch, da liegt sie auf der Erde, und das Weiß stäubt in alle Richtungen.

»Kannst du nicht aufpassen?«, schimpft jemand hinter ihr.

Na klar, die alte Meckerliese von vorhin.

Mit Kehrschaufel und Leidensmiene nähert sich eine Verkäuferin, um das Mehl aufzufegen.

Die Meckerliese stemmt die Arme in die Seiten.

»Warum machen Sie das? Lassen Sie das doch das junge Fräulein selbst auffegen.«

Da dreht Amelie sich um und rennt nach Hause.

»Wo ist jetzt das Mehl?«, will Mama wissen.

»Es ist mir runtergefallen«, schluchzt Amelie.

»Und warum hast du dann kein neues geholt?«

»Weil ich da nie wieder einkaufen gehe. Deswegen!«, schreit Amelie. Ihre Hose ist weiß, pappig und nass, in einer Mischung aus Mehl und Regen.

»Tja, dann gibt es heute eben keine Pfannkuchen zu Mittag, sondern nur ein Stück Brot«, meint Mama.

»Was brüllt die denn so?« Neugierig steckt Laura den Kopf um die Ecke, mustert Amelies verdreckte Hose und bricht in schallendes Gelächter aus. »Boah, siehst du bescheuert aus.«

Und da kann Amelie sich nicht mehr halten. Sie holt aus und knallt ihrer Schwester eine Ohrfeige mitten ins Gesicht.

Lauras Wange läuft knallrot an.

»Du spinnst wohl!«, schreit Laura und stürzt sich auf Amelie.

Im nächsten Moment wälzen sie sich auf dem Fußboden und brüllen und toben wie verrückt.

»Aufhören!« Irgendwie schafft es Mama, sie zu übertönen. Mit beiden Händen zerrt sie die Mädchen auseinander. »Also wirklich, Amelie, das geht zu weit! Du hast Laura richtig wehgetan.«

Aber Laura hat ihr ja auch wehgetan. Nicht mit den

Händen, das nicht, aber umso mehr mit ihren Worten.

Trotzig sagt sie: »Laura hat angefangen.«

»Von wegen«, schnaubt Laura und reibt sich die Wange. »Du bist doch wie eine Verrückte auf mich los. Hast du denn nicht gerade dieses Mose-Projekt mit den Zehn Geboten? Da steht es doch: Du sollst nicht töten!«

Jetzt ist Amelie doch etwas erschrocken. »Aber damit hat das doch gar nichts zu tun.«

»Natürlich hat es das. Du warst gewalttätig, und wie!«

Jetzt mischt sich auch Mama wieder ein und schimpft. Amelie hat das Gefühl, alle reden auf sie ein, das Stimmengewirr wird immer lauter ...

Und dann merkt Amelie auf einmal, dass sie ja in der Schule sitzt und alle über das fünfte Gebot diskutieren. Der schreckliche Tag ist längst vorüber. Ein Glück!

Sie schaut nach vorn zur Tafel. So viele Sätze stehen da inzwischen, dass kaum noch Platz ist.

»Möchte noch jemand etwas dazuschreiben?«, fragt Frau Caspari. »Ja, Amelie?«

Amelie steht auf und geht nach vorne.

»Du sollst keine Gewalt ausüben!«, schreibt sie an
die Tafel.

Und darunter: »Du sollst nicht mit Worten weh-
tun!«

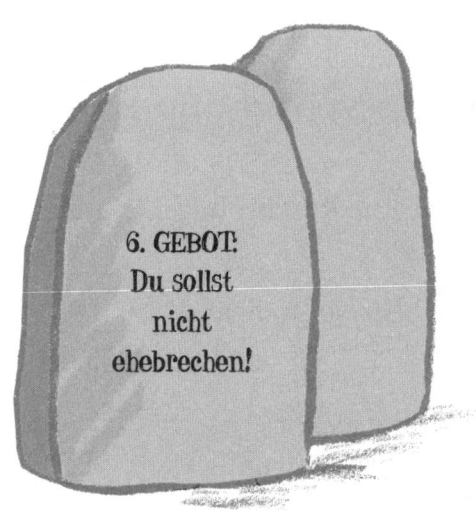

6. GEBOT:
Du sollst
nicht
ehebrechen!

Heimlichkeiten

Heute ist ein toller Tag. In der Betreuung gab es Spaghetti Bolognese, Rinas Lieblingsessen, und dank der Projektwoche hat sie auch keine Hausaufgaben auf. Also ruft sie, kaum ist sie zu Hause, bei Marlene an, um sich zu verabreden.

»Fahren wir zusammen zur Halfpipe?«, fragt sie.

»Was, jetzt?«, kommt die erschrockene Antwort.

Was soll das denn heißen? Bisher war Marlene immer nur begeistert, wenn Rina sie zum Skaten abholen wollte.

»Ist irgendwas?«, will sie wissen.

Marlene druckst herum. »Na ja, ich kann gerade nicht.«

»Dann fahr ich erst mal eine Runde ohne dich und du kommst später.«

»Na ja, ich kann heute überhaupt nicht.«

Rina ist enttäuscht. Der Tag ist wohl doch nicht ganz so toll. »Und warum nicht?«

Marlene grummelt irgendwas von wegen »Besuch«.

»Ach so.« Rina seufzt. »Deine Tante ist mal wieder da, stimmt's?«

»Hm, brm, mhm«, grummelt Marlene. Wahrscheinlich kann sie nicht laut sprechen, sonst schimpft ihre Mutter, sie solle nicht so schlecht über ihre Tante reden.

»Vielleicht darfst du später noch weg«, meint Rina hoffnungsvoll. »Wenn ihr mit Kaffeetrinken und Kuchenessen fertig seid.«

»Vielleicht«, sagt Marlene. Dann legt sie auf.

Schade, so viel Zeit und sie muss alleine los. Lustlos zieht Rina ihre Schutzkleidung an, schnallt sich die Inliner an die Füße und fährt zur Pipe. Es sind eine Menge anderer Kinder dort, aber die meisten sind älter als Rina. Eine Weile übt sie verschiedene

Sprünge und einmal fährt sie mit einem Jungen um die Wette. Aber irgendwie macht es ihr ohne Marlene keinen richtigen Spaß.

Schon nach einer Stunde fährt sie von der Pipe wieder weg. Vielleicht hat sich Marlenes Tante ja inzwischen auf den Heimweg gemacht?

Oder, schießt es Rina durch den Kopf, sie fährt einfach bei Marlene vorbei und besucht sie. Das ist die Idee! Gegen eine Spielgefährtin für Marlene kann doch nicht einmal diese komische Tante was haben, oder? Wenn es sein muss, dann setzt sie sich auch brav mit an den Kaffeetisch und futtert Kuchen.

Begeistert über ihren genialen Einfall saust Rina zu Marlenes Haus und klingelt.

»Ach, hallo, Rina«, begrüßt Marlenes Mutter sie mit einem freundlichen Lächeln. »Komm rein, die beiden setzen gerade unseren Garten unter Wasser.«

Marlenes Tante spritzt mit dem Wasserschlauch herum? Diesen Anblick kann Rina sich nicht entgehen lassen. Kichernd zieht sie ihre Inliner aus und läuft strumpfsockig quer durchs Wohnzimmer zur Terrasse.

Im Garten hüpft Marlene unter lautem Gequietsche mit dem Wasserschlauch hin und her und spritzt dabei ein fremdes Mädchen nass. Das fremde Mädchen rennt über den Rasen und quietscht noch lauter.

Eine ganze Weile steht Rina stocksteif und starrt auf das fröhliche Treiben. Dann dreht Marlene sich um und erstarrt ebenfalls.

»Ist das deine Tante?«, bringt Rina schließlich heraus.

»Nee, das ist Svenja«, murmelt Marlene verlegen.

»Und wegen ihr hast du mich angelogen«, will Rina schreien. »Weil du lieber mit ihr als mit mir spielen wolltest.« Doch sie bekommt kein Wort heraus. Denn jetzt hüpft Svenja neugierig zu ihnen, und da sieht Rina, dass sie ein buntes Kettchen um den Hals hat. Genau so ein Kettchen, wie Rina es letztes Jahr im Spanienurlaub auf dem Marktplatz gekauft und Marlene mitgebracht hat.

Und jetzt trägt Svenja dieses Kettchen.

Mit einem Satz dreht sich Rina um, rennt quer durchs Wohnzimmer zurück zur Haustür, springt nach draußen und knallt die Tür hinter sich zu. Erst als sie mit Strümpfen auf dem harten Bürgersteig steht, merkt sie, dass ihre Inliner immer noch an der Hauswand lehnen. Sie kehrt um und schnallt sie an die Füße.

Hinter ihr geht die Tür wieder auf. »Warte doch«, ruft Marlene, aber Rina hört gar nicht hin.

Blind vor Tränen fährt sie nach Hause. Sie kann kaum den Weg vor sich erkennen und, rums, holpert sie über einen kleinen Ast und, rums, fliegt sie hin. Zum Glück hat sie ihre Knieschützer an, aber weh tut es trotzdem. Vor allem tut es ihr innen drin weh. Aber das hat mit dem Sturz wahrscheinlich gar nichts zu tun.

Rina hat gerade die Wohnungstür aufgeschlossen, da klingelt das Telefon. Mama ruft aus der Küche: »Gehst du bitte mal dran? Ich hab gerade Teig an den Fingern.«

Rina zögert. Und wenn das jetzt Marlene ist, die ihr irgendwas erklären will? Aber sie will keine Erklärung hören. Sie will nie wieder mit Marlene reden. Das Telefon schrillt und schrillt.

»Rina, bitte!«, sagt Mama. »Meine Hände sind völlig verklebt.«

Mit spitzen Fingern nimmt Rina das Telefon und drückt auf die grüne Taste. Wenn Marlene dran ist, legt sie gleich wieder auf, schwört sie sich. »Ja?«, flüstert sie.

»Kann ich bitte mit Frau Kleiber sprechen?«, antwortet eine Männerstimme.

»Moment«, sagt Rina erleichtert. Sie bringt Mama das Telefon. »Für dich.«

Umständlich wäscht Mama sich die Hände sauber. »Ja?«, spricht sie ins Telefon. »Ja«, wiederholt sie lachend und zieht die Küchentür hinter sich zu.

Unschlüssig drückt Rina sich im Wohnzimmer herum. Warum musste dieser Typ bloß ausgerechnet jetzt anrufen? Wer ist das überhaupt? Und warum muss der so lange quasseln? Sie braucht Mama doch. Wenn sie ihr nicht bald von Marlene und deren Lüge erzählen kann, platzt sie noch.

Endlich kommt Mama mit einem breiten Grinsen aus der Küche und legt das Telefon in seine Ladestation.

»Ich muss dir was erzählen«, beginnt Rina.

»Was denn?« Mama lächelt immer noch. Aber dieses Lächeln hat nichts mit Rina zu tun, sondern wohl immer noch mit dem Telefonat von eben.

»Ich war eben bei Marlene, und da hab ich gesehen ...«

Doch schon nach ein paar Sätzen merkt Rina, dass
Mama gar nicht zuhört. Wütend stampft sie mit
dem Fuß auf. »Mama!«

Mama zuckt zusammen. »Ja, ich hör dir doch zu.«

»Also, das war so, Marlene hatte eine Freundin und
die ...«

Die Wohnungstür schlägt.

»Hallo, ich bin wieder da«, ruft Papa wie jedes Mal,
wenn er nach Hause kommt.

Das Telefon klingelt. Mama wirft einen Blick auf

das Display. »Sag du schon mal Papa Guten Tag«, bittet sie und schiebt Rina hastig in den Flur.

»Ich kann jetzt nicht so gut sprechen«, hört Rina sie noch ins Telefon sagen. »Er ist nämlich gerade zur Tür hereingekommen.«

Was soll das denn heißen? Hat Mama etwa neuerdings Geheimnisse? Hat sie Geheimnisse – vor Papa?

Beim Abendessen ist Rina sehr still. Sie muss dauernd an Marlene denken. Genauso wie Mama vorhin hat Marlene nämlich auch seltsame Sachen am Telefon gesagt. Und anschließend hat Rina sie mit einer neuen Freundin angetroffen, die das Kettchen trägt, das eigentlich Marlene gehört.

Ob Mama auch eine neue Freundin hat?

Sie schaut über den Tisch. Mama sitzt ihr genau gegenüber. Sie unterhält sich mit Papa, ganz normal, genau wie immer. Und genau wie immer fuchtelt sie dabei mit den Händen in der Luft herum. Und da, am Ringfinger der rechten Hand, wo sie sonst den Ring trägt, den Papa ihr zum Hochzeitstag geschenkt hat, da ist nichts.

Mama hat diesen Ring immer getragen. Und jetzt ist er auf einmal weg.

»Rina, was ist denn? Du bist ja ganz blass«, sagt Mama erschrocken.

Rina schluckt.

»Ich kann jetzt nicht so gut sprechen, er ist gerade nach Hause gekommen«, klingt es in ihrem Kopf. Das ist es! Mama hat einen neuen Freund, genau wie Marlene eine neue Freundin hat. Anders kann es überhaupt nicht sein.

Rina stößt ihren Stuhl zurück. »Ich hab keinen Hunger«, schluchzt sie auf und stürzt davon.

Es ist einfach alles zu viel. Marlene und jetzt auch noch Mama ... Die ganze Welt scheint durcheinanderzugeraten.

Sie schmeißt sich aufs Bett und zieht sich die Decke über den Kopf. Kurz darauf ist auch schon Mama bei ihr. »Bist du krank?«

»Ich hab gar nichts«, erwidert Rina trotzig.

Aber Mama geht nicht weg. »Was hast du denn, mein Schatz?«

»Ich bin nicht krank!«

Oder kann man am Herzen krank sein?

Mama scheint Gedanken lesen zu können. »Hast du vielleicht Herzweh?«

Schweigen. Rina atmet nur.

»Ist irgendwas mit Marlene? Habt ihr euch gestritten?«

Rina fährt hoch. »Ich weiß, wo dein Ring ist!«, schreit sie.

Verwirrt runzelt Mama die Stirn. »Was hat mein Ring denn damit zu tun?«

»Du hast ihn diesem Mann gegeben!«

Mamas Miene wird immer ratloser. »Welchem Mann denn?«

»Dem, mit dem du dauernd telefonierst.«

Mama blinzelt, als wüsste sie nicht, wovon Rina spricht. Dann plötzlich lacht sie auf. »Ach, du meinst Stefan?« Sie schaut zur angelehnten Tür, dann senkt sie die Stimme. »Stefan ist ein Kollege von Papa. Und wir planen ...«

Rina hält sich die Ohren zu. Sie kann sich schon vorstellen, was Mama und dieser Stefan planen. Sie wollen zusammenziehen, und Rina bleibt allein mit Papa zurück. Weil Mama gegen das siebte Gebot verstoßen hat: Du sollst nicht ehebrechen. Man soll seinen Mann, seine Frau, seine Familie nicht verraten. Und man soll auch seine Freunde nicht verraten, so wie Marlene es getan hat. Rina fängt an zu weinen.

»Aber eine Überraschungsparty ist doch was Schönes«, sagt Mama verwundert.

»Wieso Party?«, schluchzt Rina. Eine Abschiedsparty vielleicht?

»Das hab ich dir doch eben erklärt. Papa wird bald vierzig, und das wollen wir richtig groß feiern. Aber so, dass er vorher nichts davon mitbekommt. Es soll doch eine Überraschung sein.«

Rina starrt Mama mit großen Augen an. Die Tränen laufen ihr noch übers Gesicht.

Mama streicht sie sanft weg. »Was hast du denn gedacht, was ich mit Stefan plane?«

Rina murmelt irgendwas. Nein, das kann sie nicht sagen, das ist zu ungeheuerlich. Einen Moment überkommt sie Erleichterung. Dann schaut sie auf Mamas Finger, wo immer noch der Ring fehlt.

»Ach ja, mein Ring.« Mama kramt gedankenverloren in ihrer Hosentasche, holt ihn heraus und steckt ihn mit einem zärtlichen Lächeln auf ihren Finger. »Den ziehe ich immer aus beim Brotbacken. Das mag ich zwar nicht, aber den Teig am Ring mag ich noch weniger.«

Rina wirft die Arme um Mama. »Ich muss dir was erzählen«, flüstert sie.

Und dann erzählt sie endlich von Marlene und der Lüge, von Svenja und dem Kettchen.

Es wird nicht alles wieder gut dadurch, aber so ein bisschen besser wird es schon.

7. GEBOT:
Du sollst nicht
stehlen!

Schnäppchenjäger

Der Samstag rückt näher.

»Habt ihr euch schon mal überlegt, wie ihr die Ergebnisse eurer Projektwoche vorstellen wollt?«, fragt Frau Caspari.

Alle schauen sich überrascht an. An den Samstag hat keiner mehr gedacht.

»Wir machen eine Vorführung«, schlägt Rina schließlich vor. Mit ihren Inlinern macht sie manchmal für Papa und Mama eine Vorführung und zeigt ihnen ihre Kunststücke.

»Genau!«, ruft Paul. »Wir spielen Theater!«

»Theater ist doch doof«, nörgelt Amelie. »Das machen bestimmt alle Projektgruppen. Wir müssen uns was Besonderes einfallen lassen.«

Natascha zieht die Nase kraus. »Und überhaupt, wie soll man denn aus den Zehn Geboten ein Theaterstück machen?«

Felix springt von seinem Stuhl auf. »Ganz einfach.« Er duckt sich, schaut sich nach allen Seiten um, als fürchte er, entdeckt zu werden, dann schleicht er auf Zehenspitzen zu Liam und tut so, als würde er ihm etwas aus der Tasche ziehen. Als Liam hochfährt, rennt er schnell zurück zu seinem Stuhl.

»Na, was war das?«, fragt er.

»Du sollst nicht stehlen! Das siebte Gebot!«, ruft Jonas.

»Genau.« Felix reckt stolz den Daumen hoch.

»Das war kein Theaterstück, sondern eine Pantomime«, stellt Amelie richtig.

Felix springt sofort wieder auf. »Pantomime, das ist ja noch eine viel bessere Idee!« Er hält seine Hand mit abgespreiztem Zeigefinger vor sich, als trüge er eine Pistole, und stampft drohend auf Liam zu. Der fällt vor Lachen fast vom Stuhl.

»Das ist ein Raubüberfall«, prustet er.

Jetzt springen alle auf und proben verschiedene Szenen.

Paul nestelt an der Tür vom Klassenzimmer herum und spielt einen Wohnungseinbruch. Jonas zieht Rina die Geldbörse aus dem Schulranzen. Rina nimmt ihm im Gegenzug seinen Schlüsselbund weg.

Natascha steht unschlüssig daneben und schaut zu.

»Mach doch auch mal was«, drängt Felix.

»Du bist meine Komplizin«, bestimmt Rina und will ihr ein Geldstück aus Jonas' Portemonnaie in die Hand drücken.

Natascha zuckt zurück. »Nein. Ich hab noch nie gestohlen. Ich mach so was nicht.«

Jonas verdreht die Augen. »Menno, das ist doch nicht echt. Du sollst das nur spielen.«

Natascha rührt sich nicht vom Fleck. Sie schüttelt nur den Kopf.

»Diese blöde Projektwoche!«, denkt sie bei sich. Sie hat sich das mit den Zehn Geboten ganz anders vorgestellt. Viel klarer und einfacher. Das sind Regeln, die man auswendig lernt, an die man sich hält und fertig. Und jetzt? Dauernd muss man nachdenken und alles, was man macht, was man hört und sieht, einordnen. So ein Stress!

Natascha ist froh, als der Vormittag endlich vorbei ist und sie nach Hause gehen kann.

Mama ist auch schon von der Arbeit zurück. »Was hältst du von einem schönen Einkaufsbummel?«, fragt sie. »Du kannst noch eine neue Sommerhose brauchen.«

Natascha nickt begeistert. Mit Mama kann man toll einkaufen, die ergattert immer die besten Schnäppchen. Superschicke Klamotten, Spielsachen oder so kleinen Schnickschnack wie Haarspangen, für alles findet Mama die günstigsten Angebote. Da macht ihr keiner was vor. »Wir haben kein Geld zu verschenken«, sagt sie immer.

Und tatsächlich finden sie auch diesmal großartige Sachen für wenig Geld. Natascha bekommt nicht nur eine Sommerhose, sondern auch noch supersüße Ballerinas, die nur einen Spottpreis kosten. Auf dem Wühltisch entdeckt Mama ein Halstuch für Omas Geburtstag, daneben für Papa ein paar Socken und für Nataschas Cousin kauft sie einen Großkarton Lego, der billiger angeboten wird, weil er aus der Aktion vom Vorjahr ist.

»Das merkt doch eh kein Mensch«, meint Mama.

Am Schluss haben sie so viele Tüten, dass sie kaum alle auf einmal tragen können.

»Ach je, wir haben ja gar kein Brot mehr«, fällt Mama ein, als sie schon beinahe zu Hause sind.

»Da vorne ist der Bäcker«, sagt Natascha.

Mama schaut zweifelnd. »Der ist so teuer. Wir hätten das Brot beim Discounter in der Stadt kaufen

sollen. Aber jetzt schleppen wir nicht mehr alles zurück.« Sie drückt die Ladentür vom Bäcker auf und bleibt dabei beinahe mit ihrer Riesenlegotüte hängen.

»Ein Bauernbrot bitte«, sagt sie zu der Verkäuferin. Die Frau hinter der Theke reicht ihr mit einem Lächeln das Brot. »Das ist heute im Sonderangebot für 2,15 Euro.«

»Oh, da haben wir ja Glück«, freut sich Mama. Sie kramt in ihrem Portemonnaie. »Ich habe leider kein Kleingeld«, entschuldigt sie sich und legt einen 10-Euro-Schein auf die Theke.

»Kein Problem«, erwidert die Verkäuferin freundlich, öffnet die Kasse und zählt Mama das Wechselgeld in die Hand: 7,85 Euro und dazu noch einen 10-Euro-Schein.

Natascha schaut auf das Geld. Ihr Kopf rattert wie eine Rechenmaschine.

»Vielen Dank, auf Wiedersehen.« Hastig stopft Mama das Geld in ihr Portemonnaie und zerrt ihre tausend Tüten nach draußen.

Natascha stolpert ihr hinterher. In ihrem Kopf rattert es immer noch. Das ging eben alles so schnell. Erst als sie zu Hause ihre Einkäufe verstauen,

bringt sie es heraus: »Das hat doch gar nicht gestimmt.«

Mama legt das Brot in den Brotkasten, ohne zu antworten.

»Das Wechselgeld hat nicht gestimmt«, beharrt
Natascha.

Mama dreht den Kopf weg. »Die Verkäuferin hat
sich eben vertan. Sollen wir ihr das unter die Nase
reiben?« Mit einem Knall schließt sie den Brotkasten.

Tausend Sachen gehen Natascha gleichzeitig durch
den Kopf. Sie sieht Felix vor sich, wie er in seiner
Pantomime Liam etwas aus der Tasche zieht. Sie
sieht, wie Rina den Schlüsselbund klaut. Sie sieht
Paul gespielt die Tür aufbrechen. Sie hört Amelie
sagen: »Du sollst nicht stehlen! Das siebte Gebot!«
Sie haben eben beim Bäcker doch nicht gestohlen,
oder? Und trotzdem ...

»Es ist nicht richtig«, flüstert Natascha.

Mama bekommt einen roten Kopf. »Dann stimmt
halt die Kasse nicht, wenn heute Abend nachge-
zählt wird, na und? Die Verkäuferin muss das
schließlich nicht aus eigener Tasche bezahlen, sondern die Bäckerei, und die hat genug Geld. Das ist

eine Großbäckerei mit vielen Läden ...« Mama spricht immer leiser und langsamer, »... der macht es bestimmt nichts aus ...« Sie verstummt.

»Du hast recht, Natascha«, sagt sie schließlich und seufzt. »Man muss im Kleinen anfangen, bei sich selbst, und nicht immer nur nach den anderen gucken. Diese zehn Euro, die uns die Verkäuferin versehentlich gegeben hat, gehören uns nicht. Wir müssen sie zurückgeben.«

Stürmisch wirft Natascha die Arme um Mama.

»Das übernehme ich!« Mit dem Portemonnaie in der Hand rennt sie die Treppe hinunter. Ihr ist so leicht zumute, dass sie das Gefühl hat zu fliegen.

8. GEBOT:
Du sollst nicht
falsch gegen
deinen Nächsten
aussagen!

Unter Verdacht

Liam liegt auf dem Bauch, die Zunge zwischen den
Zähnen, und malt eine Palme inmitten einer Oase.
Die Palme ist riesig. Für das Bild hat er drei Bögen
Papier zu einem großen Plakat zusammengeklebt.
Morgen bei der Aufführung wird es neben vielen
anderen in der großen Aula hängen. Jedes Kind
aus der Projektgruppe gestaltet nämlich sein eigenes Plakat, und nebeneinander gehängt werden sie
zum Bühnenbild.
»Eine schöne bunte Mischung. So bunt wie das Leben«, hat Frau Caspari gelobt und Liam zugenickt.

Diese Plakate waren seine Idee, und er ist ziemlich stolz darauf.

Etwas rappelt, und dann schiebt sich ein Fuß in Liams Blickfeld.

»Hey, nicht auf mein Plakat treten!«, schimpft Liam.

»Ich kriege noch Geld von dir.«

Unwillig schaut Liam auf. Amelie schaut auf ihn herab und schüttelt ein Holzkästchen. »Das Geld für die Einladungskarten. Hast du das vergessen?«

Für die Vorführung werden Eintrittskarten zu fünf Euro verkauft. Von dem Geld sollen anschließend neue Turngeräte für den Sportunterricht angeschafft werden.

Und Liam hat es nicht vergessen. Aber für seine Mutter sind fünf Euro schon zu viel. Seit sein Vater ausgezogen ist und ihnen einfach kein Geld mehr zahlt, leben sie nur von dem, was Mama mit ihren Putzstellen verdient.

»Also?« Amelie rappelt lauter mit ihrer Kiste.

»Ja, ja, ich male nur noch die Palme fertig. Und geh von meinem Plakat weg, du Blödi!«

»Selber Blödi!« Amelie hebt einen Fuß und tut so, als würde sie auf das Plakat treten.

»Hör auf!«, brüllt Liam.

Frau Caspari nähert sich. »Was ist hier los?«

»Die doofe Kuh macht mein Plakat kaputt!«

Amelie schnaubt. »Gar nicht! Der blöde Esel will mir nur nicht das Geld für die Eintrittskarten geben. Das hat er bestimmt schon längst für was anderes ausgegeben.«

Liam bleibt die Luft weg.

»Amelie«, mahnt Frau Caspari.

»Ist doch so«, sagt Amelie trotzig. »Liam macht immer nur Blödsinn. Er hat sich auch schon mal

bei einem Ausflug einfach sein Busgeld genommen und davon Süßigkeiten gekauft.«

»Das ist ewig her«, bringt Liam heraus. »So was mache ich nicht mehr.«

»Weiß man das? Vielleicht schwindelst du.«

Felix springt Liam bei. »Lass ihn in Ruhe. Jeder kann mal was vergessen.«

Jetzt mischt sich auch Paul ein. »Vielleicht haben seine Eltern kein Geld. Vielleicht kommen sie gar nicht zu der Aufführung.«

»Genau«, fällt Amelie bissig ein. »Seine Eltern kümmern sich eh nicht richtig um ihn. Deswegen benimmt er sich auch immer so blöd.«

»Schluss jetzt«, fährt Frau Caspari scharf dazwischen. »Karten können auch morgen noch direkt vor der Vorstellung gekauft werden. Also, habt ihr eure Plakate fertig? Denkt daran, dass morgen früh die Generalprobe ist.«

Mit einem finsteren Blick knallt Amelie das Holzkästchen mit dem Geld auf ihren Schreibtisch, dann malt sie an ihrem Plakat weiter. Es zeigt die Steintafeln mit den Zehn Geboten, die Mose auf dem Berg Sinai von Gott bekommen hat.

Zitternd vor Wut schwingt Liam den Pinsel und

klatscht Farbe auf sein Plakat. Die Palme sieht auf einmal knorrig und schief aus, sturmgepeitscht. Genau so, wie er sich gerade fühlt.

Immer wieder geht sein Blick zu dem Holzkästchen. Am liebsten würde er Amelie eins auswischen. Alle sind mit ihrer Arbeit beschäftigt, keiner schaut hin ...

Als die Schulglocke ertönt, waschen alle ihre Pinsel aus, klappen die Farbkästen zu und verstauen sie unter viel Getöse im Schrank. Auf und zu klappt die Tür, auf und zu.

Dann ein Aufschrei. »Das Geld ist weg!«

Alle Köpfe fahren herum.

Amelie weist anklagend auf ihren Schreibtisch. »Da hatte ich das Kästchen hingestellt. Und jetzt ist es weg.«

Alle schauen auf den Schreibtisch. Und dann schauen auf einmal alle zu Liam.

Ihm wird heiß und kalt. Was war das nur für eine blöde Idee, Amelie eins auszuwischen? Jetzt werden wieder alle nur den Kopf über ihn schütteln und sagen, klar, sie haben es doch gewusst. Liam benimmt sich immer blöd.

»Das Kästchen ist auf dem Schrank«, stößt er hervor. »Da hab ich es versteckt, weil ... weil ich mich über Amelie geärgert hab.«

Amelie stellt sich auf Zehenspitzen. »Auf dem Schrank ist es aber nicht!«

»Du hast es geklaut, gib's doch zu«, sagt Rina.

Frau Caspari macht ein ernstes Gesicht. »Das ist kein Spaß. Weder das Geld zu nehmen noch jemanden grundlos zu verdächtigen. Weiß jemand von euch, wo das Geld steckt? Hat jemand etwas beobachtet?«

Alle schweigen, auch Liam. Er hat das Geld doch vorhin auf den Schrank geschoben, heimlich, als keiner hingeschaut hat. Wo, verdammt noch mal, ist es dann jetzt?

Frau Caspari seufzt. »Gut, Kinder, wir machen Schluss für heute. Und morgen früh möchte ich das Kästchen mit dem Geld hier haben.«

Sie klopft auf das Lehrerpult. Dann schaut sie in die Runde. »Und bis dahin denkt an das achte Gebot: Du sollst nicht falsch gegen deinen Nächsten aussagen! Also, keine falschen Verdächtigungen!«

Leise vor sich hin murmelnd packen die Kinder ihre Sachen. Niemand wagt es, Liam noch einmal zu beschuldigen, aber die Blicke, mit denen sie ihn bedenken, sagen mehr als genug.

»Das ist so gemein«, wütet Felix auf dem Nachhauseweg.

Liam weiß gar nicht, wie das passiert ist, aber in letzter Zeit gehen sie dauernd zusammen nach Hause.

»Die anderen können doch gar nicht wissen, ob du das Geld geklaut hast, aber trotzdem sind sie überzeugt davon«, sagt Felix.

Liam denkt an die Sache mit dem Spiel, das er neulich einfach aus Felix' Rucksack gezogen hat. Besonders gerne denkt er nicht daran. »Sie sind überzeugt davon, weil ich schon öfter so was gemacht habe«, murmelt er düster.

Aber Felix empört sich weiter. »Na klar, deswegen können sie alles auf dich abschieben, ohne mal über sich selbst nachdenken zu müssen. Wir machen nämlich alle einen Haufen Fehler. Aber immer bist du der Sündenbock.«

Liam schweigt. Wenn er ehrlich ist, hat er sich bisher alle Mühe gegeben, ein guter Sündenbock zu sein. »Woher willst du überhaupt wissen, dass ich das Geld nicht geklaut habe?«, fragt er plötzlich.

Felix bleibt verwundert stehen. »Du hast doch gesagt, dass du es nicht getan hast.«

»Aber ich könnte dich angelogen haben.«

Felix blinzelt, als wäre ihm dieser Gedanke völlig fremd. »Na ja, schon. Aber du bist doch mein Freund. Mich würdest du nicht anlügen.«

Jetzt blinzelt auch Liam. Noch nie hat jemand so etwas zu ihm gesagt. Dass er ihm glaubt. Dass er ihm vertraut. Noch nie hat ihn jemand als seinen Freund bezeichnet.

Bisher hat er sich immer furchtbar abmühen müssen, um jemanden als Freund zu gewinnen, und meistens war es dann doch nichts. So wie bei Tom, Kevin und Mehdi, die ihn nur ausgenutzt und reingelegt haben.

»Ich war es wirklich nicht«, versichert Liam. »Aber das werde ich wohl beweisen müssen, sonst glauben mir die anderen nicht.«

Felix überlegt. »Du hast das Kästchen also auf dem Schrank versteckt ...«

»Ja, weil Amelie mich so genervt hat. Aber da ist es ja nun nicht mehr.«

»Vielleicht hat sie es gemerkt und anschließend woanders versteckt, um dich zu ärgern.«

Liam schüttelt zweifelnd den Kopf. Würde Amelie so etwas tun?

Plötzlich sieht er den Schrank wieder vor sich, wie die Kinder ihre Malsachen einräumen, dabei die Tür auf- und zuklappen und gegen ihn rempeln.

»Wir müssen ...«, fängt er an.

»Wir müssen ...«, sagt Felix gleichzeitig.

Im nächsten Moment drehen sie um und stürmen davon. Sie müssen zurück zur Schule!

»Wir müssen den Schrank untersuchen«, schnauft Felix.

»Vielleicht ist das Kästchen an der Rückwand runtergerutscht«, keucht Liam.

Das Schultor ist noch offen, aber als sie an der Tür zum Klassenzimmer rütteln, ist sie natürlich abgeschlossen.

»Wir fragen den Hausmeister, ob er uns reinlässt«, schlägt Liam vor.

Obwohl er sich alles andere als gut fühlt, marschiert er mit forschem Schritt zum Hausmeisterbüro und klopft. Niemand öffnet.

»Mist, da ist niemand.« Felix schaut sich um. »Guck mal, jemand hat vergessen, das Fenster zuzumachen.«

Der Klassenraum liegt im Erdgeschoss. Das ist die Gelegenheit!

»Los, komm«, zischt Liam.

Geduckt huschen sie über das Schulgelände.

»Ich steh Schmiere und pass auf, dass niemand kommt«, flüstert Felix.

Liam schluckt. Wenn er beim Einsteigen erwischt wird, ist er endgültig dran.

Er verdrängt den Gedanken, zieht sich an der Fensterbrüstung hoch und schwingt sich in den Klassenraum. Schnell zum Schrank. Verdammt, da ist nichts. Oder halt, eins der Plakate ist zwischen Schrank und Wand gerutscht. Vielleicht hat es jemand zum Trocknen auf den Schrank gelegt. Vorsichtig zieht Liam daran. Etwas poltert, dann liegt das Holzkästchen vor Liams Füßen. Es ist wohl zusammen mit dem Plakat hinter den Schrank gerutscht. Kein Wunder, dass es keiner gefunden hat.

Am nächsten Tag staunen alle nicht schlecht, als sie zur Tür hereinkommen und mitten auf dem Lehrerpult das Kästchen mit dem Geld steht.

Wie jeden Morgen der Projektwoche versammeln sie sich zu einem Stuhlkreis.

»Möchte uns jemand etwas sagen?«

Auch das fragt Frau Caspari jeden Morgen. Aber heute klingt dieser Satz besonders bedeutsam.

Und Liam meldet sich, steht auf und stellt sich direkt neben das Lehrerpult. Einen Moment lang sucht er mit seinem Blick Felix. Der strahlt ihn an.

Dann gibt er sich einen Ruck und beginnt zu erzählen: »Amelie hat mich gestern angemeckert, weil ich kein Geld dabei hatte. Aber meine Mutter kann sich nicht mal die billigen Eintrittskarten leisten. Mein Vater kümmert sich nicht um uns, und meine Mutter geht putzen. Nur wollte ich das nicht zugeben. Und ich war stinksauer auf Amelie, deshalb hab ich das Kästchen mit dem Geld auf den Schrank gestellt. Das war natürlich völlig bescheuert, aber ich dachte, soll die blöde Kuh es doch suchen.«

Alle hören gebannt zu, ohne einen Mucks.

»Als wir unsere Sachen aufgeräumt haben, ist das Kästchen hinter den Schrank gerutscht. Darauf hat mich Felix gebracht, und da haben wir es dann auch gefunden.«

Er geht auf Felix zu und schlägt ihm auf die Schulter. »Danke, Mann.«

Immer noch herrscht tiefe Stille.

Dann steht Amelie auf, geht zu Liam und schlägt ihm auch auf die Schulter. »Tschuldigung, Mann«, sagt sie.

»Gleichfalls, Frau«, erwidert Liam.

Und dann können sie endlich alle befreit lachen.

9. GEBOT:
Du sollst nicht
begehren
deines Nächsten
Frau!

Neue Freunde

Jeden Nachmittag treffen sich die beiden Freunde Jonas und Paul am Mäuerchen neben dem Kiosk. Das machen sie, seit sie Vorschulkinder sind und allein nach Hause gehen dürfen. Sie haben dort gesessen und miteinander die grünen, roten und gelben Gummitiere geteilt, die sie sich von ihrem ersten Taschengeld gekauft haben. Sie haben voneinander die Hausaufgaben abgeschrieben. Sie haben miteinander beraten, wie sie den Eltern erklären sollen, dass der Fußball in der Scheibe statt im Tor gelandet ist. Und einmal, das war das Größte überhaupt, haben sie von ihrem Mäuerchen aus beobachtet, wie ein Kunde davongerannt ist, ohne seinen Sixpack Bier zu bezahlen. Da konnten sie der Polizei eine genaue Täterbeschreibung geben, und der Mann wurde geschnappt.

Aber heute, das ist schon mal sehr ungewöhnlich, ist Paul viel zu spät dran.

Jonas sieht ihn schon von Weitem, wie er angerannt kommt, mit schlenkernden Armen. »Muss gleich wieder weg«, ruft er, noch ehe er das Mäuerchen erreicht hat.

»Du bist doch eben erst gekommen«, meint Jonas.

»Wollte dir auch nur kurz Bescheid sagen. Ich muss mit meiner Mutter in die Stadt.«

Jonas erkennt sofort: Da stimmt was nicht! Denn Paul strahlt. Paul trägt einen prallvollen Rucksack. Wenn er wirklich mit seiner Mutter in die Stadt müsste, würde er die Augen verdrehen. Und sein Rucksack wäre nicht voll, sondern leer. Schließlich ist es sinnlos, mit einem vollen Rucksack Einkäufe zu machen, denn man trägt seine Einkäufe ja nicht in die Stadt hinein, sondern aus der Stadt heraus.

Paul tritt von einem Fuß auf den anderen. »Also, ich geh dann. Wir sehen uns morgen.«

Bevor Jonas antworten kann, macht er sich schon davon. Der Rucksack schaukelt auf seinem Rücken.

Jonas überlegt nicht lange. Da gibt es nur eins: Nichts wie hinterher! Mit ein paar Metern Abstand folgt er seinem Freund, duckt sich dabei hinter parkende Autos, springt hinter Büsche und huscht unauffällig um Häuserecken. Im Leutebeschatten ist er Profi!

»Hallo, Jonas, spielst du Verstecken?«, blökt ihn eine Mädchenstimme von der Seite an.

Hilfe, das ist Amelie!

»Pst!« Er legt einen Finger auf die Lippen.

»Was ist denn los?«, plärrt Amelie in voller Lautstärke weiter.

»Sei leise!«, brüllt Jonas genervt zurück.

»Wieso, du bist doch auch laut.«

Paul verschwindet um die nächste Wegbiegung.

»Ich muss weiter.« Jonas sprintet hinterher.

»Du spinnst voll!«, ruft Amelie ihm nach.

Zum Glück hat Paul nichts davon mitbekommen. Eigentlich bräuchte Jonas sich gar nicht zu verstecken. Wahrscheinlich würde Paul nicht mal mitkriegen, dass er verfolgt wird, wenn er ihm direkt vor die Füße fiele.

Ganz klar: Was auch immer Paul vorhat, es muss etwas Superwichtiges sein.

Sie biegen um eine weitere Kurve. Wo sind sie hier eigentlich? Hoffentlich findet er überhaupt noch den Heimweg.

Doch dann erkennt Jonas es: Sie nähern sich der Halfpipe. Ein Mädchen saust gerade mit wehendem Pferdeschwanz und in voller Montur die Rampe hinunter. Es ist Rina, dieses Skaterwunder aus seiner Projektgruppe.

»Hi!«, ruft sie und winkt Paul zu.

»Hi!« Strahlend winkt Paul zurück. Dann setzt er sich auf eine Bank und packt erst Inlineskates aus seinem Rucksack, danach Knieschützer.

Paul? Paul fährt Inlineskates? Davon hat er Jonas noch nie was erzählt.

Rina kommt zu ihm und mustert fachmännisch seine Ausrüstung. »Sieht ganz okay aus. Für den Anfang reicht es jedenfalls.«

»Hab ich mir alles von meinem Cousin geliehen. Zeigst du mir ein paar Kunststücke?« Paul zieht die Inliner an die Füße und steht auf. Dabei kippt er beinahe hinten über.

»Du musst erst mal lernen, auf den Füßen zu bleiben«, lacht Rina.

Ganz selbstverständlich nimmt sie Paul an der Hand, und gemeinsam machen sie die ersten Schritte.

Jonas kriegt den Mund nicht mehr zu. Hat er da was verpasst? Seit wann hält Paul mit einem Mädchen Händchen?

Noch eine ganze Weile steht er hinter einem Baumstamm versteckt und beobachtet die beiden. Sie scheinen sich prima zu verstehen, albern herum und lachen, und jedes Mal, wenn Paul hinfliegt, hilft Rina ihm ganz selbstverständlich wieder auf. Paul ist das nicht mal peinlich!

Schließlich kehrt Jonas um und schleppt sich zurück nach Hause. Der Weg erscheint ihm endlos. Paul hat eine Freundin! Das und nichts anderes heißt dieses Skatertreffen. Und er, Jonas, muss ab jetzt allein auf seinem Mäuerchen hocken bleiben.

Am nächsten Tag aber ergibt sich die Gelegenheit. Paul kommt mit finsterer Miene angetrottet, diesmal ohne Rucksack. »Muss gleich wieder los«, murmelt er. »Muss mit meiner Mutter in die Stadt.«

»Schon wieder?«, fragt Jonas scheinbar erstaunt.

Paul nickt nur düster, rührt sich aber nicht. Woraus Jonas messerscharf schließt, dass er diesmal wirklich mit seiner Mutter in die Stadt muss.

Er kann es kaum abwarten, bis Paul sich endlich aufrafft und weitertrottet.

»Viel Spaß«, ruft Jonas ihm noch nach, dann rennt er selbst los. Aber in die entgegengesetzte Richtung. Dem wird er es zeigen!

Er rennt zur Halfpipe. Natürlich ist Rina schon da. Darauf hatte Jonas gehofft.

»Hi«, begrüßt er sie.

Rina schaut kaum auf. »Hi.«

»Du fährst richtig gut.«

Jetzt schaut sie doch auf und lächelt sogar dabei. »Danke.«

Jetzt gilt es! »Wollen wir mal was zusammen machen?«, fragt Jonas.

»Hast du Inlineskates dabei?«, fragt Rina zurück.

Als ob es auf der ganzen Welt nichts anderes gäbe!

»Nein, aber ich hab ...«

Rina fährt schon weiter.

»Ich hab zu Hause eine Spielkonsole.«

Rina reagiert nicht.

»Mit Fußball.« Mist, das interessiert sie wahrscheinlich gar nicht. »Und mit Tennis«, fügt er hoffnungsvoll hinzu. Das war wohl auch nichts. »Und dann noch so ein Weltraumspiel ...«

Rina fährt eine Schleife und bleibt direkt vor ihm stehen. »Du hast das Weltraumspiel? Wo man von einem Planeten zum anderen fliegen kann?« Ihre Augen leuchten.

»Ja, das hab ich.« Jonas' Herz schlägt schneller. Hat er es geschafft?

»Das will ich schon ganz lange spielen. Aber ich

hab keine Konsole, sondern nur so ein paar Baby-
spiele auf Mamas Computer.« Rina dreht sich um,
bereit zum Losfahren. »Wollen wir jetzt gleich?«

»Klar. Du darfst auch anfangen«, sagt Jonas groß-
mütig. Innerlich jubelt er.

Ich lasse Rina ganz viele Punkte sammeln, nimmt
er sich vor, damit sie mehr hat als ich und gewinnt.
Schließlich muss er sie bei Laune halten. Aber
dann ist das gar nicht nötig.

Kaum sind sie bei Jonas zu Hause, kaum haben sie
das Spiel angestellt, legt Rina auch schon los und
sammelt bei ihrem Weltraumflug ganz von selbst
so viele Punkte, dass sie gewinnt.

»Revanche!«, ruft Jonas sofort.

Diesmal hat er mehr Punkte, wenn auch nur haar-
scharf.

»Revanche!«, ruft Rina sofort.

Erst als Papa nach Hause kommt, merken sie, dass
es schon Abend ist. Der Nachmittag ist im wahrs-
ten Sinne des Wortes wie im Flug vergangen.

»Ich muss nach Hause«, sagt Rina.

»Spielen wir morgen wieder?«, drängelt Jonas.

»Okay, aber erst, wenn ich ein paar Runden an der
Pipe gedreht hab.«

Am nächsten Tag kommt Jonas zu spät zum Mäuerchen. Er hat völlig vergessen, dass Paul dort wie immer auf ihn wartet.

»Ich kann heute nicht«, keucht er. »Ich muss nämlich nachher ...« Er stockt, weil ihm keine Ausrede einfällt. »Heute kein Stadtgang mit deiner Mutter?«, fragt er stattdessen.

Paul hockt krumm und schief auf dem Mäuerchen. »Nee«, meint er unglücklich. »Sie hat heute keine Zeit.«

Rina hat keine Zeit, übersetzt Jonas für sich. Weil Rina sich nämlich heute mit ihm trifft. Er ballt die Faust in seiner Tasche und stößt einen unhörbaren Jubelschrei aus.

»Ich war gar nicht mit meiner Mutter in der Stadt«, sagt Paul in diesem Moment. »In Wirklichkeit hab ich mich mit Rina getroffen. Rina ist so cool!«

»Oh ja, das ist sie«, stimmt Jonas ihm aus tiefsten Herzen zu.

Paul richtet sich hoch auf und schaut ihn misstrauisch an. »Woher weißt denn du das?«

»Weil ich mich gestern mit ihr getroffen hab«, gibt Jonas zu. »Wir haben zusammen das Weltraumspiel gespielt.«

»Und da sagst du nix?«, ruft Paul empört.

»Du hast doch auch nix gesagt.«

»Stimmt.« Paul sinkt wieder in sich zusammen.

»Ich dachte, du lachst mich aus. Aber sie hat ja sowieso keine Zeit mehr. Wahrscheinlich hat sie auch keine Lust mehr.«

Jonas spürt ein Ziehen in sich. Schlechtes Gewissen nennt man das wohl, dieses blöde Gefühl. Er weiß ja, warum Rina keine Zeit mehr hat, mit Paul zu skaten. Er hat es sogar drauf angelegt, dass es so weit kommt. Aber jetzt ist Paul unglücklich, und Jonas fühlt sich auch nicht viel besser.

Und wie heißt es noch in den Zehn Geboten, die sie im Mose-Projekt besprochen haben? »Du sollst nicht begehren deines Nächsten Frau!« Rina ist zwar nicht Pauls Frau, aber seine Freundin ist sie schon. Und jemandem die Freundin wegnehmen, ist auch gemein.

»Weißt du was, du fährst einfach trotzdem zur Pipe«, schlägt Jonas vor. »Rina wollte sowieso erst mal dorthin. Und wenn ihr Lust habt, kommt ihr mich später noch besuchen, und wir spielen alle zusammen mit der Konsole.«

Und so machen sie es. Paul trifft sich zuerst allein

mit Rina, und dann kommen sie noch bei Jonas vorbei.

An der Konsole wechseln sie sich einfach ab, wie man das halt so macht unter Freunden. Und Jonas nimmt sich fest vor, nicht mehr dazwischenzufunken, wenn Paul sich mit Rina treffen will. Dazwischenfunken, das macht man nämlich nicht unter Freunden.

10. GEBOT:
Du sollst nicht
begehren
deines Nächsten
Hab und Gut!

Die wichtigste Rolle

In der Aula summt und brummt es wie in einem Bienenschwarm.

Gleich steigt die Generalprobe! Und heute Abend folgt dann die große Aufführung. Alle Gruppen werden auf unterschiedliche Weise ihre Projekte vorstellen.

Über zweihundert Eintrittskarten wurden dafür verkauft! Natascha darf gar nicht daran denken, sonst dreht sie völlig durch.

Frau Caspari dagegen macht eine ernste Miene, als sie die Aula betritt.

»Wir haben ein Problem«, verkündet sie. »Jonas ist
krank. Sein Vater hat gerade angerufen.«

»Wie blöd, so kurz vor der Aufführung krank zu
werden«, denkt Natascha. »Armer Jonas!«

»Und jetzt muss ihn jemand auf die Schnelle ersetz-
en«, fährt Frau Caspari fort.

»Aber er sollte doch den Mose spielen«, ruft Rina.
»Die wichtigste Rolle überhaupt!«

Frau Caspari nickt. »Richtig. Mose hat den Men-
schen die Zehn Gebote überbracht, die er von Gott
bekommen hatte. Ohne Mose geht es nicht, auch
nicht in unserer Aufführung. Also, Freiwillige vor?«

Die Jungs schauen alle in die Gegend und tun so,
als hätten sie die Frage nicht gehört.

»Kann nicht auch ein Mädchen Mose spielen?«,
schießt es Natascha durch den Kopf. Sie weiß doch
genau, was sie als Mose tun muss. Schon schnellt
ihr Arm nach oben.

»Schön, Amelie, dann übernimmst du das«, sagt
Frau Caspari erfreut.

Was soll das denn? Nataschas Kopf fährt herum.
Amelie lässt gerade ihren Arm sinken und strahlt
dabei über das ganze Gesicht.

Amelie! Diese Streberin schon wieder! Immer

muss die sich vordrängeln. Spielt das Lieblings-
kind der Lehrer und wird für jeden Piep gelobt, den
sie von sich gibt. Natascha dagegen kann sich ab-
strampeln ohne Ende, und trotzdem hacken alle
Lehrer immer nur darauf herum, dass sie so viele
Rechtschreibfehler in ihre Aufsätze reinhaut.

Und jetzt darf Amelie auch noch die wichtigste
Rolle übernehmen, und Natascha steht wieder hin-
tendran. Wie immer.

Ist das gemein. Ist das ungerecht.

»Lasst uns anfangen.« Frau Caspari klatscht in die
Hände. »Wir beginnen mit dem ersten Auftritt von
Mose. Denk daran, Amelie, wir führen eine Panto-
mime auf. Du darfst also nicht sprechen.«

Gespannt schauen alle zu Amelie. Jonas spielte den
Mose sehr cool, als einen, der weiß, wo es langgeht.
Wie wird Amelie das wohl machen?

Zögernd tritt sie auf die Bühne. Mit ängstlichem
Gesicht geht sie auf das Plakat mit den Steintafeln
zu. Dann wandelt sich ihre Miene, sie strahlt, drückt
beide Hände an ihr Herz.

»Mose freut sich, weil Gott ihm die Zehn Gebote
anvertraut hat. Toll, wie Amelie das zeigt!«, flüstert
Felix.

Natascha wirft ihm einen giftigen Seitenblick zu.

Jetzt wendet Amelie sich zum Plakat mit dem Goldenen Kalb. Paul hat es gestaltet. Er hat dafür in die Mitte ein gelbes Kälbchen gemalt und lauter ausgeschnittene Fotos drum herum geklebt: ein Geldbündel, ein Auto, einen Fernseher, ein Schaufenster mit Spielsachen.

Amelie tut furchtbar verzweifelt, als sie das alles sieht. Sie ringt die Hände, schlägt sich gegen die Stirn, hebt das Gesicht zur Decke der Aula, was wohl ein Gespräch mit Gott im Himmel darstellen soll, und schmettert dann in einer letzten verzweifelten Geste ihre unsichtbaren Steintafeln auf die Erde.

»Super, Amelie!« Spontan brechen alle in Szenenapplaus aus. Alle, außer Natascha, die sich auf einmal die Hand auf den Bauch drückt.

Auch der Rest der Generalprobe klappt gut, und Frau Caspari schickt alle zufrieden nach Hause. »Bis heute Abend zur Aufführung, Kinder. Seid bitte pünktlich um sechs da«, mahnt sie.

Zu Hause geht Natascha schnurstracks ins Bett, am helllichten Tag.

»Nanu?«, wundert sich Mama.

Natascha krümmt sich wie Amelie in der Schule, als sie sich das Plakat mit dem Goldenen Kalb angeschaut hat.

»Hast du Bauchweh?«, fragt Mama.

Natascha nickt.

Mama legt ihr die Hand auf die Stirn. »Ein Glück, Fieber scheinst du nicht zu haben.«

»Aber Bauchweh«, betont Natascha noch einmal. Nur falls Mama das schon wieder vergessen haben sollte.

Mama macht ihr eine Wärmflasche und legt sie ihr auf den Bauch. »Hoffentlich wird es damit besser. Heute Abend ist doch dein großer Auftritt.«

Natascha dreht sich schnell zur Seite und krümmt sich noch mehr.

»Ach so!« Mama lacht. »Daher kommt das Bauchweh. Du hast Lampenfieber!«

»Gar nicht!«

Mama streicht ihr übers Haar. »Ach komm, das kannst du ruhig zugeben. Vor so vielen Leuten aufzutreten, ist nun mal aufregend. Aber glaub mir, wenn du erst auf der Bühne stehst, dann ist das Schlimmste vorbei. Dann denkst du gar nicht mehr ans Lampenfieber.«

»Ich steh da doch eh nur blöd rum!«, bricht es aus Natascha heraus.

»Ach so«, sagt Mama wieder. »Du bist traurig, weil du nur eine kleine Rolle bekommen hast.«

Natascha sagt nichts. Denn Mama wird ihr bestimmt gleich einreden wollen, dass ihre Rolle ja auch wichtig ist, wie überhaupt jede Rolle wichtig ist, und blablabla. Was einem die Erwachsenen halt immer so erzählen, wenn sie einen trösten wollen.

Aber Mama erzählt etwas ganz anderes:

»Als ich so alt war wie du, hat meine beste Freundin beim Krippenspiel die Rolle der Maria bekommen, die ich doch unbedingt haben wollte. Ich war so sauer! Da habe ich sie ausgetrickst und ihr ein Bein gestellt. Zum Glück hat sie sich nichts Schlimmes getan, aber sie hat sich doch so das Knie aufgeschlagen, dass sie nicht mitspielen konnte. Mein Plan ging also auf, und ich bin für sie eingesprungen.«

Vielleicht ist das eine Idee? Vielleicht sollte sie Amelie nachher einfach ein Bein stellen?

»Für meine Freundin war das natürlich schlimm«, fährt Mama fort. »Sie musste am Rand sitzen und zuschauen. Aber weißt du, für wen es noch schlimmer war?«

Natascha schüttelt den Kopf.

»Für mich.«

Natascha richtet sich auf. Die Wärmflasche rutscht ihr vom Bauch. Wieso war es für Mama schlimmer, die Hauptrolle zu spielen, als für ihre Freundin, die Hauptrolle nicht zu spielen?

»Ich konnte mich überhaupt nicht daran freuen«, erklärt Mama. »Die ganze Zeit, während ich auf der Bühne stand, fühlte sich das völlig falsch an. Ich hatte zwar erreicht, was ich wollte, aber ich war daran schuld, dass sich meine Freundin verletzt hatte und traurig war. Außerdem war sie gar nicht mehr meine Freundin. Das habe ich später gemerkt. Sie wollte nichts mehr mit mir zu tun haben. Ich hatte also die Rolle gewonnen, aber meine Freundin verloren. Ob es das wert war?«

Natascha lässt sich wieder in ihr Kissen zurücksinken und zieht sich die Wärmflasche auf den Bauch. »Du sollst nicht begehren deines Nächsten Hab und Gut!«, zitiert Mama. »Darum geht es doch auch heute bei eurer Vorführung. Das heißt, du sollst nicht neidisch oder eifersüchtig sein, weil jemand anderes etwas hat, was du nicht hast. Ein tolles Spielzeug, schöne Kleider, viel Taschengeld ... oder eben auch eine tolle Rolle in einer Aufführung. Neid und Eifersucht tun niemandem gut, das habe ich damals gemerkt.«

Mama streicht Natascha noch einmal übers Haar, dann geht sie hinaus und lässt die Tür einen Spaltbreit offen.

Natascha kuschelt sich in ihre Decke. Wohlig und warm fühlt sich das an. Und ihr Bauch tut gar nicht mehr so weh. Mal sehen, vielleicht kann sie heute Abend ja doch bei der Aufführung mitmachen. Schließlich ist doch jede Rolle wichtig, oder?

Darf ich? Soll ich? Muss ich?

»Wir müssen los!« Felix rast ins Wohnzimmer, wo Papa und Mama gemütlich auf der Couch sitzen, Papa mit der Zeitung und Mama mit einem Buch in der Hand. Zu ihren Füßen spielt Sophie mit ihren Holztieren.

Wie können die jetzt alle so friedlich hier sitzen? Sonst scheucht Mama ihn dauernd rum, und jetzt, wo es drauf ankommt, da rührt sie sich nicht vom Fleck.

»Es ist schon spät«, drängelt Felix.

Papa hebt eine Augenbraue. »Wofür?«

»Für die Vorführung! Wir müssen doch um sechs da sein!«

»Seit wann hast ausgerechnet du es so eilig?« Gelassen schaut Mama auf die Uhr. »Wir haben noch ewig Zeit.«

Ewig! Felix hält Mama seine Armbanduhr vor die Nase. »Es ist halb fünf, siehst du?«

Mama lächelt. »Wir brauchen zehn Minuten zur Schule.«

Felix schaut auf seine Schwester, die ihre Tiere auf dem Teppich herumschiebt und dabei gackert, blökt und wiehert. »Mit Sophie brauchen wir doppelt so lange.«

Sophie unterbricht ihre Tiersprache. »Stimmt gar nicht«, empört sie sich.

»Wir fahren sowieso mit dem Auto«, sagt Papa.

Mit dem Auto? Wieso das denn?

Seufzend steht Mama auf. »Also gut, damit du beruhigt bist, brechen wir ein paar Minuten früher auf. Aber ich muss mich noch umziehen. Sophie, kämm dir die Haare. Und du, Felix, zieh schon mal die Schuhe an. Falls du sie findest.«

Felix schnaubt. Er findet heute alles! Heute ist er nämlich hoch konzentriert. Schon bei der Generalprobe am Morgen hat er nur drei minikleine Fehler gemacht.

Seine Aufgabe bei der Vorführung ist es, die Texte der Zehn Gebote zu zeigen. Während die anderen ihre Pantomime aufführen, wandert er mit einem großen Schild über die Bühne, auf dem das entsprechende Gebot steht. Und er hat nur einmal ein falsches Gebot gezeigt und nur einmal ein Schild falsch herum gehalten, sodass der Text auf dem Kopf stand. Das sind so wenige Fehler, die zählen gar nicht. Mama soll sich also mal nicht so haben!

Felix schlüpft in seine Schuhe und zieht seine Jacke an, dann tigert er den Flur auf und ab. Sophie steht im Bad und nestelt tausend bunte Spängchen in ihr Haar. Mama ist schon seit Ewigkeiten im Schlafzimmer verschwunden. Papa sitzt immer noch auf der Couch und liest Zeitung.

»Wir müssen los!«, drängelt Felix.

Sophie kommt aus dem Bad. »Du hast zwei unterschiedliche Schuhe an«, kichert sie.

Na und? Kann doch mal passieren. Felix zieht den falschen Turnschuh vom linken Fuß und schlüpft in den richtigen. »Können wir jetzt?«

Endlich ist auch Mama so weit, und Papa erhebt sich von der Couch.

Im Gänsemarsch traben sie zum Auto, Felix vorweg, Sophie am Schluss. Felix linst auf die Uhr. Jetzt ist es schon weit nach fünf. Er hat es doch gewusst, sie werden noch zu spät kommen! Aber zum Glück sind sie mit dem Auto schneller als zu Fuß.

Papa startet auch gleich den Motor, fährt an, setzt den Blinker nach rechts ... Moment mal, zur Schule müssen sie doch nach links!

»Du bist falsch, Papa!«

Unbeirrt biegt Papa rechts ab.

»Wir haben vorher noch was zu erledigen«, erklärt Mama.

»Eine Überraschung«, fügt Papa lächelnd hinzu.

Das Einzige, was hier erledigt werden muss, ist die Fahrt zur Schule! Damit sie pünktlich zur Vorführung kommen! Für eine Überraschung ist doch auch später noch Zeit.

Wobei, welche Überraschung eigentlich?

Und wo sind sie hier überhaupt? Felix schaut aus dem Fenster. Die Straße kommt ihm bekannt vor. Und dieses Haus, vor dem Papa jetzt anhält, auch. Na klar, hier wohnt doch ...

»Liam!«, ruft Felix.

Wie aufs Stichwort geht die Haustür auf, und Liam und seine Mutter kommen heraus.

»Aber wieso ...«, stammelt Felix.

»Wir haben doch noch eine Eintrittskarte übrig, weil Oma überraschend zur Kur gefahren ist«, meint Mama vergnügt.

Stimmt, irgendwas hatte Mama ihm vor ein paar Tagen mal erzählt ...

»Und da haben wir uns gedacht, wir laden Liams Mutter ein«, fährt Mama fort. »Wäre doch schade, wenn die Karte verfällt.« Sie zwinkert Felix verschwörerisch zu.

Felix ist sprachlos.

Papa lächelt ihn an. »Tja, nicht nur du hast etwas gelernt bei diesem Mose-Projekt, sondern auch Mama und ich. Wir waren erst sehr misstrauisch wegen deiner neuen Freundschaft mit Liam. Aber dann haben wir gemerkt, dass Liam in Ordnung ist, wenn man ihn gut behandelt. Das hast du schneller begriffen als wir.« Er öffnet die Autotür, steigt aus und begrüßt Liams Mutter: »Schön, dass Sie mitkommen.«

»Das ist so freundlich von Ihnen«, sagt Liams Mutter verlegen. »Ich weiß gar nicht ...«

»Sie tun uns damit einen Gefallen. Ohne Sie würde unsere Eintrittskarte verfallen«, unterbricht Mama sie.

Felix ahnt, warum sie das sagt: Liams Mutter soll nicht dankbar sein und sich auch nicht für die Einladung schämen müssen.

»Jetzt sind wir aber zu viele im Auto«, meldet sich Sophie von der Rückbank. Sie hat recht: Jetzt sind sie sechs Leute, aber ins Auto passen nur fünf.

»Wir gehen zu Fuß.« Felix zieht Liam mit sich. Sonst laufen sie immer zur Schule, da werden sie das heute auch schaffen.

Aber nun wird es doch knapp, und sie müssen sich beeilen. Felix hat es ja gewusst. Dieses Getrödel, das konnte ja nicht gut gehen!

Als sie außer Atem an der Schule ankommen, ist auf dem Pausenhof die Hölle los. Viele Arbeitsgruppen präsentieren hier bereits ihre Ergebnisse. Julian und seine neuen Freunde spielen sich gerade für ihre Fußballvorführung ein. Die Töpfergruppe baut ihre Kunstwerke zu einer Ausstellung auf. Daneben biegen sich Tische unter den Köstlichkeiten, die die Kochgruppe gezaubert hat. Die Blumenbeete rundherum erstrahlen im schönsten Blütenglanz. So bunt und fröhlich hat der Schulhof noch nie ausgesehen.

Papa, Mama, Sophie und Liams Mutter sind auch schon angekommen und betreten gerade mit vielen anderen Zuschauern die große Aula. Felix und Liam schlüpfen an ihnen vorbei und gehen in den Nebenraum, wo sich Unmengen von Kindern drängeln und auf ihren Auftritt warten.

Eine Musikgruppe stimmt gerade ihre Instrumente, eine Gymnastikgruppe macht Turnübungen. Dazwischen wuseln Amelie, Natascha, Paul, Rina und die anderen herum. Es herrscht ein Höllenlärm.

»Da seid ihr ja endlich!«, schreit Amelie.

Frau Caspari bahnt sich einen Weg durch die aufgeregte Meute. »Ah, ich sehe, Natascha ist auch dabei. Wie schön. Geht es deinem Bauch wieder besser, Natascha?«

Natascha senkt den Blick und nickt.

»Gleich hält der Rektor eine Begrüßungsrede, dann spielt die Musikgruppe, danach sind wir schon dran. Seid ihr bereit?«

»Ja!«, rufen alle.

»Gut. Wenn ihr euch an das haltet, was wir heute Morgen besprochen haben, wird alles wunderbar klappen. Felix, achte drauf, dass du die Schilder richtig herum hältst. Und hüpft beim Tanz ums Goldene Kalb bitte nicht so wild herum, dass die Plakate von den Wänden fallen.«

Verhaltenes Kichern ertönt.

Jetzt tritt der Rektor vor die Zuschauer und beginnt mit seiner Rede. Frau Caspari legt den Finger auf die Lippen, und es kehrt mühsame Ruhe ein.

Amelie probt einen letzten Kniefall als Mose. Natascha nickt ihr aufmunternd zu. Paul und Rina hocken sich nebeneinander auf den Fußboden. Liam trommelt auf ein unsichtbares Schlagzeug. Felix umkreist alle wie ein Hütehund. Wenn sie nur endlich dran wären!

Applaus ertönt, dann marschiert die Musikgruppe in die Aula. Drei endlose Stücke spielen sie, ehe sie nach einem langen Applaus strahlend und erleichtert wieder von der Bühne abziehen.

Amelie springt auf. »Wir sind dran!«

Auch Paul und Rina springen auf, Natascha stürzt auf den Bühneneingang zu. Felix stolpert ihr hinterher.

Liam zieht ihn zurück. »Vergiss deine Schilder nicht!«

Hastig greift Felix nach dem ersten Schild und folgt den anderen auf die Bühne. Donnernder Applaus empfängt sie. Felix blinzelt. So viele Leute! So unendlich viele Leute! Ein riesiges Meer von Gesichtern schaut ihm entgegen, und erst auf den zweiten oder dritten Blick erkennt er Papa und Mama

in der vorletzten Reihe. Sophie sitzt auf Mamas Schoß, damit sie besser sehen kann, und winkt aufgeregt. Felix muss grinsen. Typisch Sophie. Und da, neben Mama sitzt Liams Mutter und sieht aus, als würde sie am liebsten auch winken.

»Die sind ja auch gekommen«, flüstert Rina neben ihm.

»Wer?«, fragt Felix unwillkürlich und folgt ihrem Blick. Da sitzen zwei Mädchen nebeneinander. Eins ist Marlene, mit der Rina dauernd skatet. Das andere Mädchen kennt er nicht. Aber Rina scheint sich sehr zu freuen, die beiden zu sehen.

»Bravo!«, übertönt in diesem Moment eine Stimme das Klatschen der Zuschauer. Kennt er diese Stimme nicht? Tatsächlich, da steht Julian an der Eingangstür, im Fußballtrikot und den Ball unter den Arm geklemmt. Er hat offensichtlich extra eine Spielpause genutzt, um sich die Vorführung des Mose-Projekts anschauen zu können.

Dann ist er vielleicht doch noch sein Freund? Felix schaut zu Liam neben sich. Der ist auf jeden Fall sein Freund. Und ob sich Liam und Julian auch gut verstehen, das wird er demnächst mal ausprobieren. Am besten gleich morgen.

Das Klatschen ist verstummt. »Du bist dran, Felix«, zischt Rina.

Frau Caspari nickt ihm zu.

Felix macht ein paar Schritte ins Rampenlicht. Jetzt muss er das erste Schild zeigen. Alle schauen ihn erwartungsfroh an.

»Ich bin so froh, dass ihr alle gekommen seid«, platzt Felix heraus.

Hinter ihm stöhnt jemand auf. Liam raunt: »Nicht reden! Das ist doch eine Pantomime!« Und Amelie flüstert: »Zeig endlich das erste Schild!«

Felix fährt fort: »Das soll ich eigentlich gar nicht sagen, aber ich bin wirklich froh.«

Hier und da kichert jemand im Publikum.

»Ich bin auch froh, dass ich vergessen habe, meine Anmeldung abzugeben, denn sonst wäre ich nie in das Mose-Projekt gekommen. Da haben wir nämlich was über die Zehn Gebote gelernt, und das ganz ohne wie sonst zu lernen. Ich verzettle mich ja oft, bin schusselig ...«

»Hört, hört!«, ruft irgendwer dazwischen.

»... und oft weiß ich nicht, was darf ich, was soll ich, was muss ich? Jetzt weiß ich: Regeln sind nicht nur dazu da, um sie zähneknirschend einzuhalten.

Sie machen uns frei. Wenn wir verzeihen können, gut zu unseren Mitmenschen sind und all so was, was uns die Zehn Gebote zeigen, dann tut das nicht nur den anderen gut, sondern auch uns selbst. Also, Leute, passt aufeinander auf, gut sein lohnt sich!«

In den einsetzenden Applaus und die »Bravo«-Rufe hinein tritt Liam neben Felix und hebt sein Schild hoch. Und so halten sie es schließlich gemeinsam:

»Das Mose-Projekt – Die Zehn Gebote und wir.«

Die Aufführung kann beginnen.

Die Autorin

Die Autorin *Luise Holthausen,*
geboren 1959 in Nürnberg,
lebt in Bochum. Seit 2002
arbeitet sie als freischaffende
Autorin und veröffentlicht
Kinderbücher, Kurzgeschich-
ten, Hörspiele und journalis-
tische Beiträge.

Die Illustratorin

Susanne Göhlich, geboren
1972 in Jena, wohnt mit ihrer
Familie in Leipzig. Nach dem
Studium der Kunstgeschichte
begann sie zu zeichnen.
Sie arbeitet für verschiedene
Kinderbuchverlage, gestaltet
Plakate und illustriert für
Magazine.

Die 10 Gebote

1 Ich bin der Herr, dein Gott, du sollst keine anderen Götter neben mir haben!

2 Du sollst den Namen des Herrn nicht missbrauchen!

3 Du sollst den Feiertag heiligen!

4 Du sollst Vater und Mutter ehren!

5 Du sollst nicht töten!

6 Du sollst nicht ehebrechen!

7 Du sollst nicht stehlen!

8 Du sollst nicht falsch gegen deinen Nächsten aussagen!

9 Du sollst nicht begehren deines Nächsten Frau!

10 Du sollst nicht begehren deines Nächsten Hab und Gut!

MIX
Papier aus verantwor-
tungsvollen Quellen
FSC® C083411

© Verlag Herder GmbH, Freiburg im Breisgau 2017
Alle Rechte vorbehalten
www.herder.de

Umschlagillustration: Susanne Göhlich
Umschlaggestaltung: Veronika Preisler, München
Innengestaltung: Nadine Clemens, München
Druck: CPI books GmbH, Leck
Printed in Germany

ISBN 978-3-451-71372-9

Tolle Geschichten zur Erstkommunion

ISBN 978-3-451-71369-9
Ab 8 Jahren

HERDER

Spannende Geschichten ...

ISBN 978-3-451-71316-3

Ab 8 Jahren

HERDER

... rund um den Glauben

ISBN 978-3-451-71206-7

Ab 8 Jahren